KB211816

생태신학 첫걸음

위험에 처한 지구를 위한 신학

생태신학 첫걸음
위험에 처한 지구를 위한 신학

초판 1쇄 발행 | 2022년 8월 25일

지은이 | 실리아 딘 드러몬드
옮긴이 | 홍태희
펴낸이 | 이재호
책임편집 | 이필태

펴낸곳 | 리북
등 록 | 1995년 12월 21일 제2014-000050호
주 소 | 경기도 파주시 회동길 50, 3층(문발동)
전 화 | 031-955-6435
팩 스 | 031-955-6437
홈페이지 | www.leebook.com

정 가 | 12,000원

ISBN | 978-89-97496-66-2

생태신학 첫걸음

위험에 처한 지구를 위한 신학

실리아 딘 드러몬드 지음

홍태희 옮김

리북

군복 티셔츠 차림이 상징이 된 우크라이나 대통령은 오
늘도 결연하게 세계에 전황을 전하고 있고, 한편에서는 21
세기에 무슨 야만적인 행동이냐며 침략국을 비난합니다.
그런데 사실, 오늘도 새벽부터 분주하게 일터로 향하는 우
리 또한 결연한 투쟁의 마음으로 집을 나서기는 전장과 다
를 바 없습니다. 오직 내 가족, 우리 회사, 같은 진영의 승리
에만 몰두하는 마음이 팬데믹을 경험하면서도 여전히 자
연을 마음대로 정복의 대상으로 보는 태도에서 벗어나지
못하도록 붙잡고 있는 것만 같아 부끄러울 뿐입니다.

일찍이 우리의 감성은 산과 들 그리고 그곳에서 함께 살
아가는 자연 안에서 위로와 편안함을 얻었고, 그 안에서 경
이로움의 눈으로 두렵고도 거룩한 하느님을 체험해 왔습
니다. 인간만을 바라보던 문명 이전에는 이미 우리의 영성
은 충분히 생태적이었다고 할 수 있을 것입니다. 성경은 풍

부한 언어로 자연 안에 살아계신 하느님을 증언하고 찬미합니다. 하느님의 지혜가 자연을 통해 드러나고 있다는 것을 수많은 비유로 말씀해 주십니다. 그런데 스스로 신이고 싶은 인간의 오만함이 하느님 닮음을 멋대로 이해하였다는 반성에서 생태신학은 시작합니다.

2015년 반포된 프란치스코 교종의 회칙 『찬미받으소서』는 자연을 대하는 인간의 그릇된 태도를 구체적으로 지적하며 마음을 바꾸어 회개하는 삶으로 향하도록 초대합니다. 이 시대의 선교로서 신자들의 삶 안에서 체화되는 생태 사도직이라는 개념이 제시된 것입니다. 이제 저마다의 이해 범위 안에서 여러 질문이 쏟아지기 시작하였습니다. 기후 위기와 그리스도 신앙이 무슨 관계가 있나요? 교회는 기도와 구원을 위한 곳인데 생태문제는 교회와 상관없는 논제 아닌가요? 생명을 죽이는 핵을 폐기하는 투쟁에 왜 교회가 소극적인가요? 환경 NGO와 교회의 생태사목은 무엇이 다른가요?

시대의 징표를 반영하는 생태신학은 이처럼 다양한 질문들에 이해를 도와줄 응답을 할 임무가 있습니다. 실리아 딘 드러몬드의 이 책은 본격적인 생태신학 논의로 들어가기 전에 자연스럽게 떠오르는 질문들의 이해를 돕기 위한 책입니다. 우주의 역사를 통해 세계의 모든 피조물 안에 살아계시는 하느님의 신비를 관상하며 실마리를 잡았던 생태신학은 성경 연구를 통하여 모든 피조물의 가치와 인간 역할에 관한 성찰로 나아갔습니다. 이후 그리스도의 육화와 삼위일체 계시가 갖고 있는 생태론적 의미가 탐구되면서 피조물을 포함하는 새로운 윤리로 확장되고 있습니다. 가난한 자를 위한 우선적 선택을 모토로 하는 해방신학의 맥락에서 프락시스가 강조되는 실천신학으로서의 의미 또한 놓칠 수 없는 부분입니다.

이 책은 생태신학을 소개하는 입문서로 생태위기와 신학이 어떤 관련이 있는지를 이해하고 싶은 사람을 비롯하여, 생태사도직을 소명으로 삼고 그 신학적 근거를 확인하고자 하는 사람들에게 도움되리라 생각합니다.

홍태희

차 례

이 책은 1994년부터 영국의 체스터대학University of Chester과 2011년부터 미국의 노터데임대학University of Notre Dame에서 생태신학 과목을 강의했던 수업 경험에서 비롯된 것이다. 1996년에 출간한 첫 번째 책은 영국 맨체스터에 있는 종교, 교육, 문화에 관한 국제 자문단ICOREC에서 자문역으로 일하면서 세계자연기금World Wide Fund for Nature의 지원을 받아 『신학과 생태론 편람』A Handbook in Theology and Ecology이라는 이름으로 출판되었다. 이 책과 마찬가지로 그 책편람 또한 생태신학에 친근하게 접근할 수 있는 입문서로 기획되었다. 편람을 쓴 이후 기후 변화와 생물 다양성 손실에 관한 과학적인 관점은 더욱 심각해졌다. 새로운 양상에 따라 또 다른 문제들이 발생하기 시작한 것이다.

편람은 이 책과 마찬가지로 모든 그리스도교 독자들과 연관되어 있는 핵심 주제인 생태적 각성의 맥락에서 성경을 해석하는 방법을 다루었다. 그러나 편람이 쓰여진 이후, 생태적 관점을 갖고 성경을 해석하는 것은 생태론적 성경 해석학이라는 훨씬 큰 영역으로 확대되고 발전되었다. 편람에서 나는 영국이라는 지리적 맥락에 가장 밀접하게 관련이 있는 신앙의 역사적 측면과 공감대를 높이기 위해 켈트 그리스도교를 다루었다. 이 책에서는 미국에서 특별히 중요하고, 유럽에서 또한 관습적으로 논의되고 있는 농본주의를 다루었다. 나아가 정치적 문제를 매우 간단하게만 다루었는데, 이는 책 구성의 제한과 실용적 고려 때문이었다. 예를 들면, 생태신학의 차원에서 아주 중요한 교회론적 혹은 전례적 측면도 다루지 못했다. 그렇지만 그리스도교의 다양한 배경의 교파에서 나온 연구들은 적극적으로 기술하였다.

생태신학은 스스로를 상황신학으로 인식하고 있다. 이는 작가로서 내가 다양한 세계적 관점을 포함하면서도 내 자신의 관점은 필연적으로 자연과학자로서 특정한 서구 전통에 의해 훈련받은 백인 여성 과학자이며, 특혜 받은 지역에서 살아왔고, 지금 기후 변화에 의해 영향을 받는 몇몇 소규모 국가들보다 더 큰 기부금을 갖고 있는 미국의 사립대학에서 강의하고 있다는 배경에 의해 편향될 수밖에 없다는 것을 인식한다는 의미이다. 이러한 역설을 피하기는 힘들다. 편람에서는 가이아 가설, 생태적 전례, 생태 여성주의 사상을 개별 장에서 설명했다. 이 책에서는 프란치스코 교종의 2015년 회칙인 『찬미받으소서』*Laudato Si'*의 의미를 생각하는 특별한 장을 할애했다. 프란치스코 교종은 로마 가톨릭 교회의 한계를 뛰어 넘어 인간 존재의 의미에 기존과 다른 사고방식을 나타내고 있기 때문에, 나는 그를 인류세Anthropocene의 아이콘으로 명명했다.

이 책에서 나는 그리스도론과 인간학이라는 중요한 두 영역에 보다 깊이 있는 논의를 통해 생태신학의 분명한 체계적 원리에 집중하고자 하였다. 창조 교리에 관한 논의도 나날이 더 중요해지고 있기에, 이러한 통찰의 요소들은 생태적 성서해석 장과 여러 장들에서 다루었다. 그리스도론 또한 고통, 즉 생태적 고통과 미래의 구원을 다루는 방법에 중요한 문제를 제기한다. 독자들이 생태적 관심을 고려하여 그리스도교 교의를 엄선되고 체계적인 논의들을 통해 숙고할 수 있도록 각각의 장들을 구성하였다.

이 책을 쓰면서 내가 할 수 있었던 게 훨씬 더 많았다는 것을 알고 있다. 이 책은 포괄적인 어떤 것이라기보다 아이디어들을 모아놓은 것이다. 이를테면, 이 분야와 관련된 그리스도교의 역사적 텍스트를 철저히 탐구하였거나 혹은 다양한 분야의 환경 윤리와 철학적 논쟁의 배경을 모두 다루지는 못했다. 함께 이 분야에서 사반세기 이상 최선을 다했던 나의 학문적 동료들이 자신의 소중한 생각이나 책, 글들이 여기에 나타나지 않더라도 용서해 주기 바란다. 나의 의도는 생태신학에 관심이 있는 사람들이나 다른 독자에게 관련될 수 있는 모든 것을 다루려고 하기보다, 이것이 무엇에 관한 것인지와 추가적 연구를 통해 발전될 수 있는 논의들을 미리 맛보도록 하는 것이다. 내가 가르친 경험에 의하면 무지의 수준은 대단히 높고, 어디서부터 시작할지를 정하는 데도 어려운 선택을 해야 했다. 그렇지만 나는 독자가 지적인 도전과 함께 이 지평의 범위를 모두 살펴 볼 수 있게 특정 분야의 깊이 있는 이해와 다른 영역에 대한 폭넓은 이해를 결합하기를 바란다.

이 책을 읽는 독자들이 생태신학과 관련된 용어의 의미를 더 잘 이해하는 것을 돕고 그 용어가 나타날 때마다 의미를 정의하는 지면을 절약하기 위하여 주요 용어에 관한 설명을 추가했다. 최근의 생태신학 운동은 영문학에서 발전된 생태비평과의 협업이 확대되고 있다. 주어진 문제의 규모와 범위를 고려할 때 대화와 협업이 필수적이기 때문에, 종교학과 환경 분야에서 일하는 사람들과의 관계 또한 과거보다 훨씬 순조로워졌다. 헌신적 그리스도인은 생태론을 진지하게 받아들이지 않을 수 없으며, 우리 시대의 가장 시급한 문제를 해결하기 위하여 다른 종교적 신앙이나 신앙이 없는 사람들 모두와 함께 해야 한다는 것이 프란치스코 교종의 메시지이기도 하다.

이 책은 일반적 의미에서 종교 환경보호 운동에 관한 책은 아니지만, 마지막 부록에서 종교적으로 영감 받은 환경운동들과 관련된 몇몇 추가 자료들을 제시한다. 그리스도교 신자는 다른 신앙을 가진 사람이나 신앙이 없는 사람과 미래 세대 및 이미 기후 변화에 영향을 받으며 빈곤 가운데 살아가는 이들 그리고 지구를 주제로 한 민감한 대화에 참여하기에 앞서 자신의 전통과 이 분야와 관련된 논의들을 더 많이 이해할 필요가 있다는 것이 나의 생각이다.

| 감사의 말 |

생태신학 분야의 수많은 동료들, 여러 강의에 참석한 일반 청중 그리고 이 책이 완성되는데 도움을 준 학생들에게 감사드린다. '위험에 처한 지구를 위한 신학'*Theology for a Fragile Earth*이라는 제목으로 2016년 가을 개설하였던 강의를 수강한 학부 및 대학원 학생들에게 특별한 감사를 전한다. 앨리슨 지머Allison Zimmer, 패트릭 여키스Patrick Yerkes, 토머스 윌러Thomas Wheeler, 카일 플랭크Kyle Planck, 줄리아 헨컬Julia Henkel, 레이첼 프란시스Rachel Francis는 학부생이었고 카일 니콜라스Kyle Nicholas, 줄리엣 나미로Juliet Namiiro 수녀, 마리 클레어 클래슨Marie Claire Klassen, 세바스찬 에크버그Sebastian Ekberg는 대학원생이었다. 그들의 질문, 통찰, 호기심 그리고 실천에 옮기고자 하는 열망은 내가 이 책을 쓰는데 영감의 원천이 되어 주었고, 한 분 한 분 모두 이 책을 완성하는데 커다란 도움이 되어 주었다. 또한 교열과 색

15

인 편집을 도와준 그 학기의 강의 및 연구 조교인 미셸 마빈Michelle Marvin에게도 특히 고마움을 전한다. 경험 많은 하천생태학자이며 노터데임대학 동료인 테렌스 어만Terrence Ehrman 신부는 워런 우즈Warren Woods로의 견학을 안내했고 보살핌의 의지를 고취하는 방법으로 자연계의 살아있는 현실을 경험할 필요가 있다고 상기시켜 주었다. 이 책에서 논의할 질문에는 때때로 최소한 그러한 실천을 시도하도록 격려하는 것이 포함된다. 2015년 이 책을 쓰도록 처음 요청한 Wipf and Stock의 크리스찬 아몬드슨Christian Amondson과 K.C. 핸슨K.C. Hanson 그리고 Wipf and Stock 편집 팀원들에게도 고마움을 전한다. 남편 헨리Henry와 두 딸 사라Sara와 메어Mair 그리고 특히 우리의 검은색 잉글리쉬 래브라도 강아지 다라Dara를 포함한 가족의 지원에 진심 어린 감사를 전한다. 다라는 히브리어로 '충만한 연민'을 의미하며, 나에게 있어서 인간과 지구에 심각한 위협이 되는 것을 주의 깊게 생각하도록 자극하는 원동력이었다. 반려동물은 인간 사회가 다른 피조물의 생명과 연결되어 있으며, 우리가 그들을 위해 특별하고 독특한 책임이 있음을 상기시킨다.

슬프게도, 다라는 이 책이 출판되고 우리가 영국에 도착한 날 죽었다. 한창 때 스러져 버린 다라의 죽음의 역설은 생명의 나약함을 계속해서 상기시켜 준다. 그러나 고통을 겪는 동안 보여준 다라의 겸손과 헌신 그리고 인내는 우리에게 깊은 연민을 불러일으키는 내적인 힘과 능력을 증언하고 있다. 다라의 명복을 빈다.

1.

생태신학 개요

이 장에서는 기후 변화와 생태과학의 주요 관점 및 지역과 지구의 수준에서 발생하는 생태적인 파괴에 대한 경험 그리고 신학적 생태윤리의 전반적인 개요와 생태신학으로 접근하는 핵심적인 방법론을 살펴 보려 한다.

생태론은 신학과 어떤 관련이 있는가? 30년 전 처음으로 신학과 생태 문제를 잇는 연구를 시작했을 때, 나는 젊은 학자로서 이러한 질문을 받곤하였다. 이 질문은 오늘날에도 여전히 자주 제기된다. 기후 변화로 인한 지구 파괴는 가장 빈곤한 지역에 살고 있는 가난한 사람 중 가장 가난한 사람에게 영향을 주며, 세계 곳곳 대도시의 빈곤지역일수록 불평등한 환경 피해를 입는다. 이러한 환경적 불의 environmental injustice에 신학은 당연히 관련이 있다. 많은 신학자들이 이제 창조와 과학적 사실에 관심을 갖는다. 아마도 과학의 문화적 의미화cultural idealization로 인하여, 과학은 가치중립적이지 않으며 그러므로 과학이 다루는 영역도 신학자들이 관심을 갖게 될 수 있다는 커다란 자각으로 이어졌을 것이다.

그러나 자신을 생태신학자라고 부르는 사람들 사이에서조차 불편한 간극은 남아 있다. 환경 파괴나 생물 다양성 손실 그리고 기후 변화를 다루는 사람들이 기후과학을 언급하는 것은 분명하지만, 생태신학을 연구하는 많은 이들은 과학의 영역을 깊이 숙고하지는 않는다. 왜 그럴까? 역량에 대한 불안감 때문일까? 아니면 인문학이 특별히 기여하는 것과 과학이 기여하는 것이 달라서, 과학이 제대로 하고 있지 못하는 것 같은 신뢰성에 대한 어떤 평가와 관련이 있을까?

이 책을 읽으면 확인할 수 있겠지만, 생태신학의 또 다른 핵심적 특징은 그것이 일련의 색다른 신학적 관점과 입장을 갖는다는 것이다. 예를 들어 생태신학자는 아시시의 프란치스코 혹은 고백자 막시무스와 같은 아주 전통적인 신학 자원에 의지하거나 혹은 자신을 여성주의 사상가 혹은 급진적인 정치 운동가와 보조를 맞출 수 있다. 신학의 범위가 더 넓게 개방됨에 따라 소박함이나 삶의 실천적 지혜,

절제와 같이 접하기 쉬운 특정한 개인적 덕德에서부터 환경과 기타 피해를 가져오는 정치적인 사회적 구조의 결함에 집중하는 것에 이르기까지 비판적 분석의 범위도 넓어진다. 지역과 세계 사이를 두루 살피는 것은 생태신학에 있어서 다른 상황신학과는 다른 특별한 역동성을 준다. 그러나 이 점조차 생태신학자 사이에서는 논쟁이 있다. 기후 변화와 같은 지구적 문제는 지금이야말로 지역, 국가 그리고 특정한 농업 방식에 초점을 맞춰야 할 때라는 다양한 주장들 때문에 해결하기 더욱 힘들어 보인다.

나는 생태신학이 책임감 있는 길을 가기 위하여, 시대에 따라 변할지라도 그와 관련된 주제들에 대해 최소한 과학 사회와 밀접하게 공통된 합의를 갖도록 숙고해야 한다고 믿는 몇 안 되는 생태신학자 중 한 명이다. 미국에서는 복잡한 이 문제의 일부 사례로서 기후 변화가 대단히 격앙되고 논쟁적인 정치적 사안이 되었다. 기후 변화를 부정하는 사람의 대다수가 공화당원인 반면, 민주당원은 일반적으로 인간이 기후 변화를 야기했다는 입장을 지지한다. 기후과학자의 다수는 이러한 과학적 주제가 최소한 미국과 오스트레일리아에서 정치적 진영 게임처럼 되어버린 것에 당혹스러워한다. 정당의 정치적 노선에 따라 이처럼 상반된 의견을 보이는 것은 유럽이나 아프리카, 아시아 등 다른 지역에서는 두드러지지 않는다.

과학자들은 과학이 수행하는 방식에 특정한 가치가 개입된 것이 뚜렷이 드러난다면 당연히 이를 인정할 것이다. 하지만 그들이 이를 받아들이지 않고 집요하게 반대하는 것은, 과학적 데이터를 어떻게 해서든지 정치적 또는 이데올로기적 목적을 위해 날조하거나 의도에 따라 구성하고 있다는 것이다. 그렇게 된다면 그것은 과학이 되기를 포기하는 것이며, 우생학이라는 역사적 사례가 보여주듯 과학이 아닌 것이 되어 버린다. 사회과학자는 과학적 활동에 개입하는 사회적 배경과 편견을 평가할 수도 있겠지만, 과학적 데이터가 세계에 관해 있는 그대로를 우리에게 알려 주는 것이라기보다 어떠한 가정에 의해 제기된다고 주장하는 것은 전체 흐름의 목적과 과학적인 성과를 약화시킬 것이다. 그러므로 나는 이 책에서 생태신학의 과학적 배경을 제공하는 과학적 요소를 간략하게 개괄하면서 신중하게 출발하고자 한다. 그리고 그 뒤를 이어 지난 30년 동안 전개되어온 생태신학의 방법을 역사적으로 개괄해 볼 것이다.

기후 변화

이산화탄소에 의해 열이 갇히게 되면서 지구가 더워지는 정도를 계산하는 것은 천문학도에게는 특별한 일이 아니다. 두터운 이산화탄소의 대기를 가진 금성은 표면 온도가 약 섭씨 470도에 이른다. 메탄과 같은 또 다른 온실가스는 지구온난화를 더 심하게 유발한다. 기후 모델은 다양한 요소들을 고려해야 하기 때문에 매우 복잡하다. 지역 날씨를 예상하는 것은 어려운 일이지만 특정한 기후 변화에 대한 개략적인 경향은 추정할 수 있다. 단기적이거나 장기적인 모든 경우에서, 기후는 우리가 이상 기후라고 부르는 예측하기 어려운 형태로 변화하고 있다는 것이 과학적으로 일치된 의견이다. 단기적으로는 더욱 자주 발생하는 폭풍우와 홍수, 가뭄 그리고 산불 등에 영향을 끼치고, 장기적으로는 해수면 상승과 심해온난화 그리고 해양산성화 등에 영향을 준다. 지구온난화에 관한 증거는 확고하며 19세기 중반 이래 꾸준히 데이터를 축적하고 있다. 기후과학자가 사용한 모델이 불확실했던 것이 때때로 기후 변화에 대한 인간 활동의 영향이 불확실한 것으로 정책 입안자에 의해 잘못 해석되어 왔다.

그러나 기후과학에 사용되는 수많은 변수로 인해 절대적으로 정확한 예측을 산출하는 것은 거의 불가능하다. 기후변화에 관한 정부간 협의체IPCC는 온도 상승에 대해서는 거의 정확한 추정치를 발표했지만 지구의 해수면 상승에 대해서는 과소평가하였다.[1]

【지구온난화와 그 영향】

지구온난화에 관한 가장 확실한 증거는, 빠르게 녹고 있는 남극 빙하 속을 깊이 파고들어 가서 얻은 빙하코어에 대한 분석에서 나왔다. 이러한 빙하코어는 빙하 형성 시기의 이산화탄소를 가두고 있는 작은 공기 방울들을 갖고 있기 때문에 그 당시의 이산화탄소 수치를 직접 측정할 수 있다. 샘플로 채취한 물 안에 있는 동위원소 비율로 과학자들은 과거 지구의 평균온도를 추정한다. 이러한 방법을 통해 이산화탄소와 온도 수준이 지난 아홉 차례의 빙하기에 걸쳐 서로 직접적인 관계를 갖고 변화되어 왔다는 것과 오늘날 대기 중의 이산화탄소의 양이 지난 80만 년보다 높다는 것을 알게 되었다. 지구의 자전축이 기울어져 있기 때문에 발생하는 자연적 변화는 지구의 기후 체계를 대략 10만 년 주기로 빙하기에 들어가게끔 한다. 빙하코어에 대한 연구로 밝혀진 자연적 빙하기는 항상 이산화탄소 수준이 변화하기 앞서 온도 변화를 보였다. 지구 궤도 주기의 변화가 태양열

---

[1] International Panel on Climate Change, "Summary.", U.S. Environmental Protection Agency, "Climate Change." 참조.

을 감소시켜 해양 생물계의 변화가 유발되고, 낮은 온도에
서 더 많은 이산화탄소가 흡수됨으로써 이산화탄소 수준
이 낮추어진다. 이러한 변화에 대한 생물학적 반응은 생각
할 수 있는 가장 치명적인 상황에 놓이기도 하고 때로는 그
런 상황이 발생하지 않기도 한다. 예를 들어, 땅 위의 초목
과 바다의 식물성 플랑크톤은 높은 온도에서 호흡탄소를 대
기에 방출률이 광합성탄소를 포획률을 넘어서기 때문에 이산
화탄소의 순수한 섭취가 줄어든다. 산소 비율이 전반적으로
저하되면, 인간을 포함해 산소에 의존하는 생명체를 살리는
지구의 능력에 치명적인 영향을 줄 수 있다.

_ Sakimoto, "Understanding the Science," *in press*

생물 다양성의 손실

기후 변화에 관한 일련의 특이한 생태적 작용[2]에 부가하
여, 생태신학자의 주목을 받게 된 것 중 하나는 다양한 종
의 손실이다. 지구의 생명체는 45억 년의 지구 역사에서 37
억 년 전으로 거슬러 올라가는 최초의 세균성 스트로마톨
라이트 군락으로부터 존재해 왔다. 진화 과정을 통한 배경
절멸background extinction의 속도는 계산될 수 있고 오늘날의
멸종 속도와 비교할 수 있다. 다양한 생물학적 종에 대한

---

[2] 신학적 토론과 관련된 생태 문제의 전반적인 개괄을 보려면 Ehrman,
"Ecology."를 참고할 것.

무지는 아마 위에서 말한 기후 변화를 무시하는 것보다 더 심각하다. 단 한 줌의 흙에도 그야말로 수천 종의 생명체가 존재한다.[3] 덧붙이자면, 지구에서 870만으로 추정되는 생명체의 종 가운데 단지 150만 종만 밝혀졌을 뿐이다.[4] 이러한 한계에도 불구하고, 오늘날 최선을 다해 추정한 멸종 속도는 가공할 만하다. 이 속도는 과거보다 몇 배나 더 빨라서 몇몇 과학자는 우리가 여섯 번째의 대멸종 시대에 살고 있다는 주장을 제기한다. 이것은 회복에 천만 년 정도가 걸렸던 지구 역사에서의 대멸종 사건과 비견될 만하다. 이 경우의 차이점이란, 기후 변화와 생명체의 손실을 통한 간접적인 것이든, 인간이 특별한 사용의 목적으로 파괴한 직접적인 방식이든, 그 멸종이 인간 활동의 결과라는 것이다. 세계자연보전연맹IUCN은 종의 멸종을 추적한다. 즉각적으로 멸종의 위협을 받고 있는 "적색" 리스트 종에 관한 최근의 결과가 2016년 하와이에서 열린 세계자연보전총회World Conservation Congress에서 발표되었다. 거기에는 야생에서 멸종된 종이나예를 들어 동물원에서 보호되고 있는 종만 남아 있는 위협의 세 번째 수준으로 멸종위기에 처한 종, 네 번째 단계로 멸종

3 Wilson, "A Cubic Foot."
4 Mora et al., "How Many Species."

에 취약한 종들이 보고되었다. 예를 들자면, 세계에 널리 퍼진 기린의 수가 지난 30년 동안 40%나 곤두박질 쳤다. 새롭게 발견된 700종의 새 중 11%가 멸종 위협에 처해 있다. 2016년 12월 열렸던 제13차 생물다양성협약당사국총회CBD COP13에서, 세계자연보전연맹의 사무총장인 잉거 안데르센Inger Anderson은 "수많은 종들이 우리가 미처 기록조차하기 전에 사라져 버린다."고 발언하였다. 육종 및 여러 곡물 프로그램[5]으로 병, 가뭄, 염분에 내성을 갖도록 유전적 변이의 기반으로 제공된 야생의 보리, 망고, 귀리의 멸종 위협은 식량 안보에 심각한 결과를 가져오고 있다.

【생태계의 회복탄력성】

생태론의 철학은 지난 백 년간 변해 왔다. 생태계에 관해 인간은 외부의 관찰자라는 생각과 안정성의 측면에서 생태계를 설명해 오던 경향은 인간 역시 생태계 안에 포함된다는 보다 유연한 생각으로 대체되었다.[6] 어느 정도의 안정성은 생태계가 작동하기 위하여 반드시 필요한 것이다. 그리고 이것은 환경의 작은 변화에 대해 생태계가 대응하는 것이라고 정의될 수 있다. 과거에는 존재하지 않았던 지구의 환경 변화는 생태계와 그들이 잘 작동할 수 있는 능력에 충격을

---

[5] 세계자연보전연맹, "New Bird Species."
[6] 보다 자세한 내용은 Deane-Drummond, *The Ethics of Nature*, 36-38을 볼 것.

1. 생태신학 개요 27

가했다. 회복탄력성resilience은 교란된 생태체계가 그 이전의 상태로 되돌아갈 수 있는 능력을 설명하기 위하여 생태론자들이 사용하는 용어이다. 주어진 사회에 존재하는 전체 종의 수는 종풍부도種豊富度, species richness로 알 수 있고, 실제 존재하는 종은 종구성種構成, species composition으로 알 수 있다. 종의 구성은 생태체계의 전반적인 회복력에 영향을 준다. 자원 경쟁이 있는 곳에서 하나의 생태계에 존재하는 다양한 종들은 그 자원을 서로 다른 시간과 계절에 사용하기 때문에 생태체계는 전체적으로 보다 효율적이다. 다른 한편으로 어떤 종은 다른 종보다 특정한 점에서 더 중요한 역할을 함으로써, 생물학적 다양성은 일반적으로 환경 변화에 대한 생태계의 전반적인 회복력을 증가시킨다. 반면에 고도로 다양한 생태계 안에서 특별히 취약한 듯한 종이 존재한다는 사실로 인해 상황은 좀 더 복잡해진다. 어떤 특정한 종의 개체수가 적거나, 어떤 종의 완전한 손실이 지속적인 생태계의 기능을 반드시 방해하지는 않기 때문이다. 만약 하나의 생태계에서 두 종이 역할을 공유한다면 그것을 중복redundant이라고 한다. 이 경우에는 장기적으로 하나의 종이 멸종하는 것이 이득이 된다. 이러한 연구에서 가장 중요한 것은 생태적 이해가 상호관계의 중요성을 보여준다는 것이다.

_ Cleland, "Biodiversity," 14.

농본주의적 대안

농본주의農本主義란 통상 땅의 자연적 생산력과 땅이 식량을 생산하는 방식에 중점을 두는 것을 의미하며, 특히 미국에서 많은 관심을 끄는 정치·사회적 생태론의 한 형태이다. 농본주의는 땅을 단순히 개발하여 착취하는 자원처럼 이해하는 농업 비즈니스와 대비하여 땅과 흙 그리고 그 생산 및 땅을 공유하는 피조물과 호의적인 관계를 갖는 것을 의미한다. 웨스 잭슨Wes Jackson은 산업화된 농업과는 다른 방식으로, 서로 다른 유기체가 상호 연관되어 있다는 것을 이해하는 것에서부터 농본주의 사상이 자라나며, 과학적 관점에서도 농본주의는 타당하다는 주장을 하고 있다.[7] 나아가 비농본적 방식에 의해서 흙이 서서히 황폐화되고 침식된다는 것을 감안한다면, 농본주의 관점은 단순한 문화적인 관점의 이동일 뿐만 아니라, 흙은 미래 세대에 필요한 식량 생산을 계속하기 위한 "꼭 필요한 것"이 된다.

【농본주의의 기원】

알도 레오폴드Aldo Leopold, 존 뮤어John Muir, 헨리 데이비드 소로Henry David Thoreau, 웬델 베리Wendell Berry와 같은 북미 작가들은 모두 농본주의를 대중적 관점에서 이어가고 있다. 이러한 접근을 구체적인 지역에서의 농작 방식과 땅의 관리에 초점을 맞춘다면, 그것은 국제적 협약을 통해 법적으로 통제하려는 시도보다 훨씬 현실적으로 용이하게 다가갈 수 있을 것이다. 농본주의는 전 세계적으로 특히 미국의

---

[7] Jackson, "The Agarian Mind."

농부시장farmers markets이 크게 성장하는데 기여하였다. 생태신학자인 노만 워즈바Norman Wirzba의 저작은 일관되게 농본주의 사상에 영감을 받고 있다. 그는 도시 문화에서 드러난 땅과의 분열을 치유하기 위하여 농본주의의 관점을 회복할 필요가 있다고 믿고 있다. 그는 다음과 같이 강조한다.

구체적이고 실제적인 생명과 죽음의 힘과 함께하는 농본주의의 삶은 피조물을 보전하는 데 필수적인 지구에 대한 연민과 친밀한 인식을 가능하게 한다. 반면에, 도시의 삶은 인간과 지구 사이의 생동감 있는 관계를 갖는 것에 한계가 있으므로, 우리를 생명과 건강의 은총으로부터 심각하게 차단할 가능성이 있다. …… 농본주의 관점에서 지구는 단순한 자원이 아니라 무궁무진한 생명의 원천이 된다.

_ Wirzba, *The paradise of God*, 72-73

생태신학 : 변화하는 분야

나처럼 일생을 생태신학이라는 주제에 사로잡힌 저술가들과 기후 변화에 관한 지구적 문제로부터 농본주의 방식에 집중하는 연구까지 생각하는 사람들에게, 그 연구 분야의 변화가 확실히 드러나기 시작했다. 생태신학이 70년대 말과 80년대 초 처음 등장했을 때 그것은 생태신학이라기보다 "녹색"신학이라는 용어에 가까웠으며, 창조 질서 같은 것이 신학적 주목을 받지 못하는 데 문제가 있다고 느끼는 개신교 그룹에서 먼저 생겨났을 가능성이 크다. 위르겐 몰트만Jürgen Moltmann은 개신교계에서 신학의 추를 자연 세계를 향해 진지하게 흔든 주요 신학자이며, 『창조 안에 계신 하느님: 생태신학』[8]의 토론에 크게 기여했다.

몰트만이 이 작업을 시작한 이래 이 분야에 관한 책과 논문 및 실용적인 글들이 폭발적으로 출간되었다. 로즈마리 래드포드 류터Rosemary Radford Ruether,[9] 메리 그레이Mary Grey,[10] 앤 프리마베시Anne Primavesi[11]와 같은 급진적 여성주의신학자와 최근의 엘리자베스 존슨Elizabeth Johnson,[12] 카이사리아의 바실 혹은 아타나시우스 같은 초기 교회 교부에게서 관련 자료를 연구하는 보다 전통적 학자인 데니스 에드워즈Denis Edwards[13] 등의 사상적 흐름이 주류의 가톨릭 학자들과는 다를 수 있더라도, 환경 문제에 관한 성찰이 매우 정교하게 전통적 가톨릭 사회교리를 통해 로마 가톨

---

[8] Moltmann, *God in Creation*; 김진균 역, 『창조 안에 계신 하느님』, 한국신학연구소, 1987.

[9] Ruether, *Gaia and God*.

[10] Grey, *Sacred Longins*.

[11] Primavesi, *From Apocalypse to Genesis*.

[12] Elizabeth Johnson, "Jesus and the Cosmos."

[13] Edwards, *Ecology at the Heart of Faith*.

릭의 담론으로 슬그머니 들어 왔다. 사회과학을 전공한 로마 가톨릭의 골롬반 신부인 숀 맥도나Sean McDonagh 또한 곤경에 처한 가난한 자 중 가장 가난한 자와 지구를 위하여 교회 개혁이 필요하다고 주장함으로써[14] 이 분야에 영향을 주었다. 초기에 토론했던 요소들이 남아 있기는 했지만, 이 시기 동안 토론의 초점이 전환되기 시작하였다. 생태신학이 교회 공동체의 실천적 요구뿐만 아니라 환경 문제에 관해 보다 광범위한 공공의 실천적 담론에 기여하기 위해 응답해 온 방식을 보다 명확하게 이해하려면 이러한 전환의 배경을 이해하는 것이 도움이 된다.[15]

인간 중심주의로부터 생태 중심주의로
그리고 하느님 중심주의로

1970년대와 1980년대에 제기된 실천적 문제에 관한 초기 담론은 우선적으로 인간 행동과 외부 자원의 측면에서 환경적 책임을 생각하고 그 윤리를 생각하는 것이었다. 즉, 인간이 어떻게 환경 자원을 책임감있게 사용해야 하는가? 하는

---

[14] McDonagh, *The Greening of the Church*, 맥도나 신부는 환경에 관한 프란치스코 교종의 회칙『찬미받으소서』에 중요한 영향을 주었다.

[15] 이러한 담론에 관해 Deane-Drummond와 Bedford-Strohm의 *Reigion and Ecology*를 참고할 것.

문제였다. 시간이 지나면서, 이러한 접근 방식이 그다지 적절해 보이지 않았다. 피조물을 단순히 자원으로 다루는 것은 그들에게 내재된 자신의 가치, 다른 말로 고유 가치intrinsic value를 적절히 고려하는 것이 아니었다. 모든 생물학적 유기체를 존중하는 생명 중심주의biocentrism로의 전환과 다른 피조물을 대신하여 특정한 정치적 견해를 구성하고자 하는 심층 생태론deep ecology의 여러 정치적 변종들은 이러한 맥락에서 완전하게 이해 가능하다.[16] 초기 시대의 또다른 중요한 사람으로는 인간 중심적 접근과 생명 중심적 접근 사이를 나누는 대안으로 하느님 중심주의theocentrism를 주장한 제임스 구스타프슨James Gustafson을 들 수 있다.[17]

남성 중심주의로부터 생태 여성주의로

다른 한편에서, 로즈마리 래드포드 류터가 가장 괄목할만하게 이끌었던 생태 여성주의ecofeminism 학자들은 지나치게 인간에게 초점을 두었던 인간 중심주의anthropocentrism뿐만 아니라 인류의 절반인 남성에 초점을 둔 남성 중심주의androcentrism도 비판하였다. 그 둘은 모두 자연 세계와 여

---

[16] Taylor and Zimmermann, "Deep Ecology."
[17] Gustafson, *A Sense of the Divine*.

성과 관련하여 이중적인 억압구조를 갖고 있다.[18] 그러나 여성과 자연을 연결한 것은 양날의 칼이었다. 한편에서 어떤 여성주의자는 남성과의 다름을 주장하며 여성을 찬미할 것을 원했다. 다른 한편에서는 자연과 여성을 연결하여 생각하면서 길러진 것이 아니라 자연적으로 구성된 여성의 특별한 역할을 강조하는 근본주의와 부딪쳤다. 이러한 딜레마로부터 생태 여성주의자들이 인간 중심·생명 중심·하느님 중심의 삼각망을 극복하기 위하여 자연 세계가 갖고 있는 대안적 방법에 마음이 끌린 것은 놀랄 일이 아니다. 이런 노력들은 대개 하느님, 인간 그리고 생명계를 포함할 수 있을 듯한 우주적 모델을 찾게 된다.

강력한 한 가지 모델이 샐리 맥페이그Sallie McFague가 주창한 하느님의 몸으로서의 세계이다.[19] 또 다른 것은 앤 프리마베시[20]에게 좋은 영향을 주었던 제임스 러브록James Lovelock과 일련의 과학자에 의해 개척된 가이아 가설을 들 수 있다. 맥페이그와 프리마베시 모두 기본적으로 환경과학을 깊이 생각하는 많은 글을 쓴 저술가이다. 또한 그들은

---

18 Deane-Drummond, "Creation."

19 McFague, *The Body of God*.

20 프리마베시의 *From Apocalypse to Genesis*는 프리마베시의 *Sacred Gaia*처럼, 러브록의 가이아 가설에 의해 보다 자의식적으로 영향을 받은 책으로 바뀌었다.

환경 문제의 관점에서 하느님에 관하여 생각하는 새롭고 독창적인 방법을 만들기 위해 건설적으로 협력하기도 하였다. 리사 시데리스Lisa Sideris는 맥페이그가 이상주의적으로 과학을 해석한 것을 비판하였고, 가이아와 관련된 프리마베시의 해석에 대해서도 같은 비판을 하였다.[21]

위대한 창조 이야기의 등장

북아메리카에서 영향력 있는 하나의 흐름은, 로마 가톨릭 사제이며 여러 저술을 한 토마스 베리Thomas Berry의 영향을 받은 새로운 창조 이야기라고 할 수 있다. 메리 에블린 터커Mary Eelyn Tucker, 존 그림John Grim, 존 호트John Haught, 헤더 이튼Heather Eaton 그리고 앤 마리 달튼Anne Marie Dalton을 포함한 생태 여성주의에 공감하는 많은 작가들은 이 접근을 선호한다.[22] 여기에서 지구의 우주적 진화는 하느님, 인간 그리고 우주에 관한 생각의 틀을 제공하였다. 때로는 우주 이야기라고도 불리는 새로운 창조 이야기의 주창자에 있어서 이러한 전환은 비판할 여지없이 자명

---

[21] Sideris, *Environmental Ethics*, 45-90.

[22] Tucker and Swimme, *Journey of the Universe*; Grim and Tucker, *Ecology and Religion*; Hought, *The Promise of Nature*; Eaton, *The Intellectual Journey of Thomas Berry*; Dalton and Wimmons, *Ecotheology and the Practice of Hope*.

한 것으로 보이지만, 이 구체적 이야기를 둘러싼 신화는 다양한 종교에 걸쳐 강력하게 공명하는 것이다. 이것은 우주에 관한 "궁극적" 신화를 과학적으로 이해하는 것을 나타내는 것일까? 이 점에 있어서, 종교적 경외감이 과학과 같은 것으로 얼마나 많이 옮겨가고 있는지, 그래서 이러한 새로운 창조 신화조차 과학주의의 미묘한 형태가 되어 가는지에 대해 의문을 가질 필요가 있다.

평형 상태의 생태계로부터 유동적 생태계로

이러한 주장들을 체계화하는 새로운 방식을 어떻게 지칭할 것인가를 생각하면서, 나를 포함한 몇몇 학자들은 생태과학에 관한 기본 철학이 변화하고 있다는 것을 더욱 예민하게 깨닫고 있다. 그것은 앞서 설명한 "생태계의 회복력"에서 간략히 설명하고 있다. 약 90년 전으로 거슬러 올라가면, 그 당시 생태과학은 안정된 평형 상태로 있는 시스템으로 생각되었으며 인간은 생태 시스템과는 분리된 것으로 이해되었다. 그러나 시간이 흐르면서 그것은 유동적이며 불안정한 평형이라는 생각을 하게 되었다. 이제 인간은 하나의 결정적인 중요한 차이를 제외하면 다른 모든 피조물처럼 생태계의 일부일 뿐이다. 인간은 적어도 다른 피조물보다 지구에 대한 영향을 더 많이 자각할 수 있다. 초기의 생물 다양성 보존에 대한 관심으로부터 인간생태론을 포함한 보다 복잡한 형태의 환경적 연구로 바뀌어 왔다.

창조신학으로부터 새로운 해석으로
그리고 새로운 구성신학으로

개론적인 이 장에서 제기하고 싶은 또 하나의 변화는, 생태신학의 초기에는 새로운 창조신학을 발전시키는데 집중하였던 반면, 점차 조직신학과 성서 자료를 해석하는 등 보다 넓어진 분야에서 담론을 전개하게 된 변화이다. 새로운 창조신학이 자신의 자리를 잡아 가면서, 몰트만은 생태 문제와 관련하여 창조신학을 가장 성공적이며 영향력 있게 알린 사람 중 하나일 것이다. 이 작업은 여전히 계속되고 있지만, 지금의 움직임에 힘입어 성서학으로 접근하는 보다 근본적인 방식이 부상하고 있다. 성서학은 성서의 텍스트를 다른 렌즈로, 이를테면 생태적 관심사의 렌즈로 보는 길을 만들어 냈다. 조직신학의 모든 분야에서 새로운 접근 방식을 찾는 것은 비교적 최근이다.[23] 창조신학과 삼위일체론의 사고는 항상 중요하였다. 그러나 요즘은 인간학,

---

[23] Conradie et al., *Christian Faith and the Earth*.

성령, 성령론, 그리스도론, 창조의 미래, 종말론, 생태, 진화, 고통의 문제, 신정론 등에 대한 신선한 토론이 많은 주목을 받고 있다.

이러한 새로운 조직신학적 접근은 신학이 일찍이 시도하지 않았던 방식으로, 실제의 문제에 보다 진지하게 연관되어 "단련"chastened 되어 갔다. 이러한 토론에 한 가지 딜레마가 생겨났다. 생태적 관점에서 하느님을 읽는 것은 심각하고도 복잡한 생태 문제를 다루는데 실제적인 기반을 얼마나 제공할 것인가? 생태적 차원을 포함하는 하느님 이해가 필연적으로 환경 재앙과 관련된 문제를 해결하도록 도울 수 있는가? 그것은 크지는 않더라도 인간의 죄책감을 증가시킬 수 있다. 반면에 조직신학이 일반적으로 생태 문제를 무시한다면 생태론이 신학과는 관련이 없다는 생각을 강화시킬 것이며, 그렇기 때문에 교회의 중요한 관심사에서 빠질 수도 있다.

환경 윤리로부터 피조물에 대한 윤리로

환경 윤리에 관하여 접근하는 개척자는 일반적으로 해로운 환경으로부터 보호하며 종의 다양성을 유지하는 시스템, 특히 자연 세계의 생태 시스템 보호에 가장 큰 관심을 둔다. 또 다른 변화는 동물에게 특별히 필요한 것 그리고 동물을 대하는 태도에 중점을 두는 동물 복지, 동물 해방 그리고 동물권에 관한 주장과 관련이 있다. 환경 윤리는 생태 시스템에서 도덕적 우선권이 적절한 부분에 주어져야 한다고 생각한다. 한편 동물권은 인간의 정의에 관한 질문으로부터 어느 정도 지각을 갖는 다른 동물 개체에 대한 질문으로 확장시켰다. 이러한 관점들 사이에 긴장은 존재하지만, 최근의 학자들은 피조물과 그들의 생활환경에 대한 인간의 책임을 고려하기 위한 연합체coalition 추진을 촉구하였다.[24] 그 결과 동물학과 환경인문학에 있어서 중요한 통합 연구를 가져왔고, 양쪽 모두 새롭고 흥미로운 방식으로 활기 있는 환경 윤리를 제공할 수 있게 되었다.

정치적 지지로부터 공공신학으로

이 변화는 환경에 관한 사회적이고 정치적인 토론에서 종교적 믿음을 제외하거나, 다른 한편으로 생태신학자가 정치적이고 사회적인 문제를 무시하는 경향을 표현하는데 그 가치가 있다. 환경 문제에 관한 일반적 논쟁 가운데에서

---

[24] Deane-Drummond and Clough, *Creaturely Theology*; Deane-Drummond et al., eds., *Animals as Religious Subjects*.

신학의 위치를 충실하게 표현하는 생태신학자로는 피터 스콧Peter Scott과 마이클 노스콧Michael Northcott과 같은 개신교 학자가 있다.[25] 또한 이 분야에는 가난한 이를 위한 관심을 넓혀가는 로마 가톨릭 관점에서 활동하는 다른 움직임도 있다. 해방신학자는 경제와 구조적 문제에 비판을 집중하는 것으로 알려져 있다. 담론을 위한 틀로서 레오나르도 보프Leonardo Boff의 가이아 수용은 이러한 접근에 신념을 가진 사람들에게 매우 매력적일 것이다.[26] 공공의 담론과 토론에 진지하게 참여하고자 하는 신학인 공공신학 역시 환경 문제를 제기하는 데 중요한 역할을 갖는다.[27]

✓ 돌아보기

1. 농본주의가 피조물인 우리와 지구 사이에서 관계성의 감각을 회복시킬 수 있다고 생각하는가? 왜 그런가? 이러한 접근 방식의 이점과 한계는 무엇인가?

2. 생태와 관련하여 조직신학을 새롭게 정리하는 것이 그리스도교신학에 있어서 생태적 관심이 중요하다는 확신을 얼마나 줄 수 있겠는가? '예'라고 답한다면, 조직신학의 어떤 분야에서부터 시작해야 한다고 생각하는가? 왜 그런가? '아니오'라고 답한다면, 어떤 대안이 있는가?

---

[25] Notrhcott, *The Environment;* Scott, *A Political Theology.*

[26] Boff, *Ecology and Liberation.*

[27] Deane-Drummond and Bedford-Strohm, eds., *Religion and Ecology.*

2.

생태적 성서해석

이 장에서는 지구의 관점에서 성경을 생태적으로 읽는 방법에 관한 통찰을 제공하면서, 이러한 접근 방식이 적절한지에 대한 논의를 평가할 것이다. 그리고 창세기와 지혜서의 창조론을 포함하여 중요한 텍스트들에 관한 토론을 제공할 것이다.

최근의 퓨 리서치의 조사에 따르면, 1981년과 2000년 사이에 태어난 밀레니얼 세대는 "베이비 부머"라고 불리는 제2차 세계 대전 이후에 태어난 그들의 선조보다 제도를 신뢰하는 경향을 보인다. 밀레니얼 세대는 다음 반세기에 걸쳐 생산과 소비의 패턴에 중요한 기여를 할 것이기에 그들의 생각은 매우 중요하다. 성경은 개신교 교파에 있어서 그 권위가 특별히 더 높긴 하지만, 모든 그리스도교 기구에 있어서 교파를 초월한 권위를 갖는다. 가톨릭교회는 제2차 바티칸 공의회가 성경 읽기를 보다 가까이 하도록 허용한 이래 평신도가 성경에 접근하는 것을 장려해 왔다.[28] 따라서 이러한 이유로 인해 생태신학의 모든 분야는 성경이 자연환경에 대한 구체적인 관심사를 얼마나 많이 그리고 어느 정도까지 지지하는지 혹은 오히려 반대할 수는 있는지를 고려해야 한다.

일부 어려운 점은 성경이 서로 어울릴 수 없는 전혀 다른 방식으로 다르게 해석될 수 있다는 것이다. 예를 들어, 성경이 "세계"에 관해 말할 때, 그것은 모든 자연 우주를 의미하는 것일까 아니면 인간 문화만을 의미하는 것일까? 생태신학자들은 고대 시대에 직면했었던 구체적 문제들과 다를지라도 직접적이든 간접적이든 현실의 생태 문제와 관련된 측면에서 성경을 읽기 시작하였다.[29] 이것은 성경에 관한 자기 주관적 해석eisegesis과 결별하여 자신의 편견과 선입관 없이 텍스트를 읽는 것으로, 성서 저자의 맥락에서 새로운 방식으로 평가하는 주석학exegesis 혹은 본문 해석

---

28 로마 가톨릭교회의 제2차 바티칸 보편공의회의 특징 중의 하나는 성경의 권위에 대해 관심을 가진 것이다. 1965년에 선포된 「하느님의 계시에 관한 교의 헌장」(Dei Verbum, 하느님의 말씀)은 성경의 중요성을 강조하면서 교회 생활에 있어서 성경의 부흥을 요청하였다. 로마 가톨릭 학자들에게 역사적 그리고 문헌 비평과 같은 성서학의 도구들을 사용하는 것에 대해 공식적인 교회의 축복이 주어진 것은 실제로 공의회 이후였다.

29 이에 관한 학문적 개요는 Horrell, *The Bible and Environment*,를 참고할 것.

이라고 할 수 있다. 각 본문은 또한 특정한 공동체 안에서 여러 세대를 통하여 해석된 수용의 역사reception history를 갖고 있다.

【농본적으로 성경 읽기】

다른 많은 북미 학자들처럼 엘렌 데이비스Ellen Davis는 농본주의 사상에 사로 잡혔다. 그녀는 "성경을 농본적 관점으로 읽는 것은 향수를 불러일으키는 훈련이 아니다. 그것은 상당 부분 과거에 닻을 내린 기억과 상상의 작업이다."라고 말했다. 실제로 할 수 있는 방법의 좋은 사례는 레위기 19장으로, 그곳에서는 처음에 거룩한 사람이 될 것을 요청한 후 18가지의 지침이 뒤따른다. "네 이웃을 너 자신처럼 사랑해야 한다."19,18는 말씀은 "너희는 종류가 서로 다른 가축끼리 교배시켜서는 안 된다. 너희 밭에 서로 다른 두 가지 씨앗을 뿌려서는 안 된다."19,19는 농사에 관한 말씀을 포함한다. 데이비스는 이 두 개의 본문이 의도적으로 함께 들어가서 일련의 구체적인 제안이 "땅에 있어서" 거룩함이란 어떤 것인지를 우리에게 은유적으로 보여준다고 믿었다. 여러 종류를 섞는 것을 금지한 이유는 그러한 섞음이 혼합물의 거룩함을 침해한다는 두려움과 관련이 있다. 예를 들어, 케루빔은 이스라엘 성전의 거룩한 궤를 지키던 여러 동물의 복합체였다. 그녀는 레위기의 작가가 우리가 경작하는 방식이 어떻게 거룩함을 침해하고 있는지를 주의깊게 생각해 보길 원했으므로 이것이 단일 민족 사회에 대한 일종의 문학적 선호와 같은 것이라는 주장을 거부한다. 그녀가 생각하는 것과 대등한 오늘날의 시나리오는 유전학적으로 변형된 종자를 사용한다거나 지역 농업 관행을 훼손하는 등의 산업화된 농업일 것이다.

_ Davis, *Scripture, Culture and Agriculture*, 4, 85.

성경을 본문의 농경 문화적 배경에 초점을 맞춰서 농본적으로 읽는 것은 고대인들이 살아가며 일했던 자연과 생활환경을 상상함으로써 성경을 살아있는 것처럼 생생하게 다가오도록 한다.

일반적으로 이러한 접근이 보여주는 생태신학의 또 다른 중요한 측면은 다음과 같다.

1. 단지 인간의 역사에만 초점을 맞추지 않고 하느님과 인간 그리고 피조물 사이의 관계에 관한 성경 이야기에 보다 더 주목하도록 한다.
2. 창조에 관한 통합적 측면에서 인간보다 피조물을 고려한다.
3. 독창적인 창조신학을 전개하는 잠언, 시편, 지혜서와 욥기와 같은 지혜문학에 특별히 주목한다.
4. 예수가 자신 주변의 자연 세계와 맺는 관계 방식에 주

의를 기울임으로써 예수의 사목을 다시 이해한다.

5. 때로는 자연 세계를 거부하는 것으로 잘못 이해되어 온 묵시문학의 진정한 의미를 회복한다.

【자연인가 혹은 피조물인가?】

왜 성서학자들은 자연보다 피조물이라는 용어를 더 자주 사용할까? 여기에는 여러 이유가 있는데, 가장 중요한 것은 아마 성경의 첫 번째 책인 창세기에 그려진 창조주 하느님에 관한 믿음을 갖는 그리스도인에게 있어서, 피조물로서 지구를 하느님의 선물이라고 생각하는 것은 지극히 당연하기 때문이다. 다른 한편으로 자연은 여러 의미를 갖는다. 가장 일반적인 것은 자연은 인간을 제외한 세계의 부분이며 자연과학에서 생성된 지식을 통하여 이해될 수 있다는 것이다. 그리스도교의 외부 사회는 하느님이 세계를 창조하였다고 전제하는 이해를 쉽게 받아들이지 않을 것이다. 물론 많은 학자는 양쪽의 주장을 진지하게 조정하려 할 것이다. 이것을 이해하는 한 가지 방법은 같은 동전에 양면이 있는 것처럼, 자연 세계를 자연으로 읽으면서 동시에 하느님의 선물 혹은 피조물로 읽는 것이다. 이것은 우리 주변의 자연 세계에 관하여 과학적으로 혹은 신학적으로 이해하는 것을 온전하게 서로 양립할 수 있도록 한다. 그러므로 창조는 세계를 인식하는 과학적 방법과 반대된다는 가정을 무력화한다.

성경은 피조물 보호를 장려했는가?[30]

성경이 인간으로 하여금 지구를 보살피도록 이끈다는 주제는 문헌에서 자주 반복되는 것 중 하나이다. 이런 주장이 많아진 한 가지 이유는 미국의 역사가 린 화이트Lynn White가 1967년 환경운동의 초창기에 유대·그리스도교 전통이 환경 위기를 불러온 책임이 있다고 주장한 것에 대한 반응에서 시작되었다.[31] 이제 "생태 위기"라는 공허한 수사는 점차 사라지고 위험하고 되돌릴 수 없는 기후 변화가 실제로 일어나고 있으며 점점 더 위협이 되고 있다는 주장이 보다 일반적으로 받아들여진다. 화이트는 성경의 창세기 1,28이 특별히 지구에 대한 지배를 승인한 것이라고 생각했다. 그는 보다 직설적으로 그리스도교의 자연신학이 과학과 기술의 등장을 지지하였고, 그 후 결과적으로 통제 불능이 된 과정을 지적하였다. 그리하여 그의 지적은 그리스도교에 "큰 짐의 죄책감"이 되었다.[32] 그는 특별히 그리스도교가 인간과 하느님의 권능 및 초월을 강조함으로써 자

---

[30] 이 절의 몇 가지 내용은 Deane-Drummond, *Ecotheology*, 81-98에 설명되어 있다.

[31] White, "The Historical Roots."

[32] Ibid., 1206.

연 세계에서 하느님과 인간을 분리시킨 태도가 전개된 것 그리고 자연 세계의 탈신성화와 그로 인한 개발 착취에 대해 비판적이었다. 그는 생태적 행동에 투신하면서 그리스도교를 배척했던 많은 사람들과 함께 일반 학자와 그리스도교 신학자 모두의 한 세대에 영향을 주었다. 역사적 관점에서 과학과 기술이 등장하고 그것이 생태적 긴장과 연결된 것에 관해 그리스도교만을 비난하는 것은 지나치게 단순화하는 것이다. 그렇지만 화이트의 설명은 불교와 같은 종교 전통과 비교하여 그리스도교가 인간 우월주의를 강조한다고 본 많은 사람을 공감하게 했다.

그런 이유로, 그리스도교와 유대교 학자들은 지배dominion가 통치domination를 의미하는 것이 아니라 인간이 피조물에 대해 청지기와 관리자로서 지구에 대한 책임을 갖는다는 의미라는 주장을 펼치며 성경 이야기 전반에 걸친 방어에 뛰어들었다. 성경은 다른 피조물과 구별되는 인간의 특성에 대해 말하고 있다. 인간만이 하느님의 모상창세 1,26으로 만들어 졌고, 인간이 동물에게 이름을 붙였다.창세 2,19-20 그러나 성경 기록에 등장한 모든 피조물 사이에는 많은 연속적 관계 또한 존재한다. 예를 들자면, 하느님은 인간을 다른 동물과 같은 날에 창조하였다. 그리고 아담이라는 이름은 "흙에서"라는 의미이고 이브는 "생명의 딸"을 의미한다. 인간의 특별한 소명은 땅을 "일구고", "지배하는" 것이었다. 그러나 하느님의 모상을 가진 인간의 역할이라는 관점에서 본다면 이 역할은 "착취"하는 것이 아니라 지구를 돌보는 것이다. 인류는 하느님이 숨을 불어넣으시어 생명체가 되었다창세 2,7고 성경은 전한다. 그렇기 때문에 인간에게 영혼은 이원론적 방식으로 물질에 더해진added 것이 아니라 지구 물질로부터from 영혼이 불어넣어져 생겨난 것이다. 이처럼 여러 학자들이 지구 보전에 대한 긍정적인 지침의 원천을 성경에서 발견하였다.

【성경의 일곱 가지 청지기 원리】

환경주의자이며 그리스도교 복음주의 신학자인 캘빈 드윗 Calvin B. DeWitt은 이 주제에 관한 일곱 가지 원리를 다음과 같이 정리하였다.

1. 하느님이 우리를 지키시듯이 우리는 자연을 지켜야 한다. 지구를 일구고 돌보는창세 2,15 것은 인간을 지켜주시는민수 6,24-26 하느님의 섭리에 반영되어 있다. 지배란 그리스도의 모습을 따라야 한다. 그래서 인간은 땅을 돌봄에 있어서 창조주와 협력한다.신명 11,11-12; 17,18-20

2. **우리는 첫 번째 아담이 아니라 마지막 아담의 제자가 되어야 한다.** 그리스도 안에서 모든 것이 화해하듯이콜로 1,19-20, 인간의 소명은 모든 것의 화해와 회복에 참여하는 것이다.

3. **피조물을 혹사시켜서는 안 되며 안식일을 주어야 한다.** 탈출기 20,8-11과 23,10-12는 안식일이 땅뿐만 아니라 동물과 인간에게도 주어져야 한다는 것을 보여준다.

4. **하느님의 선하신 피조물을 향유할 수는 있지만 파괴해서는 안 된다.** 땅의 풍요로움을 파괴하는 탐욕스런 인간의 모습은 에제키엘서 34,18과 신명기 20,19 및 22,6에 인간의 행동으로 기록되어 있다.

5. **자신에게 흥미로운 것이 아니라, 먼저 하느님 나라를 찾아라.** 이 명령은 마태오복음 6,33에 기록되어 있다.

6. **우리에게 큰 유익함이 되는 것으로 찾아야 할 것은 행복이다.** 항상 더 많이 얻을 것을 구하기보다, 피조물이 가져다주는 은총에 만족하는 것을 의미한다. 창조 안에서 인간의 역할에는 한계가 있다. 바오로의 히브리서간 13,5과 티모테오전서 6,6-21에서 용기를 북돋아준다.

7. **우리는 우리가 옳다고 알고 있는 것을 실천해야 한다.** 믿음과 행동의 결합은 겸손한 청지기 정신에서 빠져서는 안 된다. 믿음과 행동의 연결이 필요하다는 것은 에제키엘 33,30-32에서 보듯이 성경의 중요한 주제의 하나이다.

_ DeWitt, "Creation's Environmental Challenge," 65-67.

인간이 자연을 나아지게 할 수 있을 것이라는 생각 또한 캘빈 드윗의 화해와 회복의 원리에 함축되어 있다.

환경 철학자인 제임스 내쉬James Nash는 성경의 윤리적 정언 명령이 애매모호하며 성경은 생물 다양성의 방어와 같은 것에 관심을 갖고 있지 않다고 주장하면서 생태적 실천을 지원하기 위하여 성경을 사용하는 것에 의문을 가졌다.[33] 성경 본문이 부적절하게 사용된다는 내쉬의 문제 제기에도 불구하고 많은 학자들은 성경이 생태와 연관된 영원한 윤리적 요구를 제시할 수 있는 능력이 있다고 믿는다.

성경과 피조물의 위치

많은 학자들은 성경에 근거한 인간의 청지기론의 주제에 관해 만족하지 못하였다. 인간은 하느님에 의해서 그렇게 하도록 명령받았다는 것보다 왜 피조물을 보전해야 하는지에 관한 질문은 건드리지 않고 남겨 두었다. 다시 말하면 피조물 보전이 창조의 중요성을 깊이 인식한 결과라면 우리는 먼저 그 중요성을 인식하는 것을 배울 필요가 있다. 창세기는 모든 피조물은 선하고 하느님에게 사랑받으며

---

[33] Nash, "The Bible vs. Biodiversity."

이러한 사랑을 통해서 그 가치를 얻는다고 말한다. 적어도 어떤 피조물은 우리 자신의 도덕적 감수성으로 볼 때 선함과는 거리가 멀어 보인다. 이러한 사실과 관련된 문제를 피하는 하나의 방법은, 어떤 명확한 도덕적 요구를 만들기보다 적절한 작용을 의미하는 선함의 관점에서 본문을 해석하는 것이다. 지혜문학 중 하나인 욥기38-41로 눈을 돌려보면 인간과 땅의 관계에 대한 여러 묘사를 발견할 수 있다. 여기서 야생의 자연 세계는 야만성과 불확실함에 겸손해진 인간과 함께 제시되며, 하느님의 생각은 인간의 우수성과 동물 지배를 능가한다. 또한 하느님의 권위는 인간의 요구가 아니라 야생의 요구를 지원하여 다스린다. 욥은 인간이 등장한 이후에도 하느님이 모든 피조물을 축복하셨다는 주제를 명확하게 한다. 그것은 창조의 축하와 기쁨을 강조하면서 하느님의 창조 활동의 생산력을 강조하는, 소위 축복blessing이라는 히브리 성경의 문학을 관통하는 하나의 중요한 주제를 강조한다.

【창조와 욥기】

극심한 고통의 상황에서. 욥은 하느님에게 설명을 요청하며 울부짖는다. 그리고 땅의 억눌린 소리를 들으려 몸을 돌린다.욥 12,7-9 그러나 하느님의 응답은 모든 피조물을 살피라고 하신다. 즉, 지혜는 모든 야생의 피조물 안에서 인간 사회의 필요와 상관없이 존재한다는 것이다. 나아가, 인간과 땅의 피조물이 지혜를 찾을 때, 하느님은 이러한 지혜를 물의 양, 바람의 무게, 뇌성 번개의 길을 정하여, 땅 끝까지 살피시면서 지혜를 식별하시는 듯하다.욥 28,23-27 하느님이 이런 지혜를 창조 과정에 적용하긴 하지만, 하느님이 지혜를 땅에서 우연히 발견하는지 혹은 신중한 탐구를 통하여 찾는지는 확실하지 않다. 하느님은 이제 지혜의 발견자이며 그의 지혜를 위해 땅을 바라본다. 빛욥 38,19, 빛나는 것욥 38,24, 뇌성 번개욥 38,25를 포함하여 만물은 자신의 길derek을 갖고 있는 것 같다. 이는 땅은 하느님의 개입을 통해서가 아니라, 자연 지혜를 따르는 원리에 의해 조절되는 체계에 의해 운행된다는 믿음을 말하는 고대 생태론을 지시하는 것으로 보인다.

_ Habel, "Where Can Wisdom Be Found?"

창조의 다채로움에 대한 경이 또한 성서 본문에서 권장되는 태도이다. 경이가 변화시키는 힘에 관하여 윌리엄 브라운William Brown은 욥이 회오리바람 안에서 하느님을 경험한 이후에 느낀 것에 관해 다음과 같이 아름답게 이야기하고 있다. "나는 그가 자신의 가족을 부양하기 위하여 다시 감연히 헌신하면서 현실을 망각하려는 사람처럼 웃고 있는 것을 상상한다. 나는 욥이 그의 자녀가 죄지은 것을 두려워하여 아침 일찍 제사를 바치기 위해서 일어난 적이 있는지 의심이 든다. 영예와 두려움보다 무상의 기쁨이 욥으로 하여금 그 자녀를 돌보도록 하였다."[34]

초기 지혜문학은 피조물보다 인간 사회의 정의에 더 큰 관심이 있었던 것 같다.[35] 그러나 자연 세계에 대한 관찰은 잠언 6,6-9와 같이, 잠언을 성찰하는 바탕이 된다. 여기서 인간은 "개미의 방식"을 알아차리라는 권고를 받는다. 이것은 일종의 자연과학의 암시처럼, 진리를 자연 질서 안에서 찾는 길을 은연중에 나타낸다. 그러나 그것은 지혜를 상류층과 왕족의 기능으로 돌리는 수많은 지혜문학을 뒤집을 것 같은, 비위계적인 사회 질서의 여러 종류 중 한 사례일 것이다. 덧붙여서, 잠언 30장에 하늘을 나는 독수리의 길, 바위 위를 다니는 뱀의 길, 바다를 떠다니는 배의 길, 여자와 남자의 길 등 자연 세계와 인간 세계를 비교하는 아구르의 잠언이 있다. 지혜는 개미·오소리·메뚜기·도마뱀 등 가장 작은 피조물과 가장 중요한 피조물 안에 모두 존재한다.

---

[34] Brown, *Wisdom's Wonder*, 135.
[35] Habel, "Where Is the Voice of Earth."

모든 피조물의 가치를 확인하면서 그 축복에 응답하는, 즉 피조물이 하느님을 찬양하는 주제가 있다. 그 주제는 이사 42,10; 시편 19,1-4; 69,34; 96,11-12; 98,7-8; 103,22; 150,6; 필리 2,10; 묵시 5,13과 같은 구약성경과 신약성경 모두에서 발견할 수 있다. 이러한 구절에서 비인간의 피조물이 하느님을 인간의 언어로 찬미하는 은유를 사용하지만 그것은 그저 시적인 장식일 뿐, 명확히 모든 살아있는 것에 이성을 부여하는 "애니미즘"Animism이나 범심론 Panpsychism의 일종을 표현한 것은 아니다.[36] 가장 적절한 설명은 대부분의 경우에 찬미란 창조된 존재의 있는 그대로에 대해 피조물이 감사하는 것에서 비롯된다는 것이다.

피조물의 미래

인간과 땅의 구원 혹은 구제의 가능성은 어떤 측면에서는 서로 구분되더라도 모두 축복의 신학에서 비롯된다. 탈출기는 압제의 땅으로부터 생산력이 비옥한 곳으로 그려지는 "젖과 꿀이 흐르는 땅" 뿐 아니라 정의의 왕국으로 건너간 것을 회상한다. 더군다나 그 땅은 구체적인 삶의 방식

---

[36] Bauckham, *Bible and Ecology*.

에 영향을 주시는 하느님의 은총에 의해 주어진 만큼 그렇게 많이 가질 수는 없었다.[37] 땅의 정의와 인간 사회의 연결은 예언자 전통의 중요한 측면이다. 유배 이후의 예언자들은 땅의 회복이 정의로움과 진실함을 회복하는데 필요하다고 선포하였다. 샬롬에 대한 이사야의 비전은 대단히 은유적인 것으로 생태적인 조화로움이 충만한 것이었다.

신약성경에서 콜로새 신자에게 보낸 바오로의 서간은 그리스도를 만물을 구원하는 분으로 말하고 있다. 이것은 인간의 경우 죄와 관련이 있지만, 인간을 포함한 모든 피조물에 있어서 그것은 고통으로부터 미래의 구원을 의미한다. 그리하여 그리스도로 말미암아 그 미래는 보장된다. 로마서 8,19-23 역시 이스라엘의 어린아이들과 마찬가지로 모든 피조물이 해방되기를 기다린다는 것을 말하고 있다. 지금 피조물은 신음하고 있지만, 그 신음이 들릴 날이 올 것이기 때문에 고통은 기약 없이 계속되지는 않을 것이다. 이 구절 또한 인간이 잘못함으로써 피조물이 고통 받는 것과 연결되어 있으므로 피조물을 번성하게 하는 인간의 적절한 행동이 요구되는 것은 당연한 귀결이다. 인간이 절절

---

[37] 이 점은 마이클 노스콧이 *Place, Ecology and the Sacred*에서 강력하게 주장하였다.

하게 행동하지 못하면 전 우주의 미래는 위태롭게 된다. 그러므로 인간의 올바른 행동은 피조물을 힘으로 지배하려는 행동이 아닌 피조물을 겸손하게 대하며 성령에 의해 영감받은 하느님의 은총에 의해 고양되는 것이다. 그리스도 왕의 모습은 역설적으로 종이 된 왕의 겸손함을 드러낸다.

일곱째 날의 안식일 휴식은 창세기 창조 과정의 궁극적 목표이다. 즉, 궁극적 목표는 "창조의 정점"인 인간이 아니라 안식일이다. 창조에 있어서 하느님의 휴식은 첫 번째의 창조행위 이전에 있었던 텅 빈 어두운 심연의 음울하고 불확실한 상황과 대조된다. 창세기 1,2에 묘사된 하느님 창조행위 이전의 땅은 그에 앞서 "혼돈"chaos이 지배하였다고 가정할 필요도 없을 것 같은, 꼴을 갖추지 못하고 아무것도 살 수 없는 상태이다. 활발한 창조 이후 하느님이 즐기신 휴식은 수동적 휴식이 아니라 이전 6일 동안의 창조 활동을 전체적 시야에서 능동적으로 감상하는 것이다. 이제 거룩함은 공간보다 시간에 귀속된다.

노만 워즈바는 안식일을 사는 것이란 자연환경에 대한 책임을 포함하는 광범위한 활동에 적용된다고 말한다.[38] 그는 피조물인 우리의 상황으로부터의 문화적 분리란 우

---

38 Wirzba, *Living the Sabbath*, 142-53.

리가 더 이상 피조물을 향한 하느님의 은총에 반응할 수 없다는 것을 의미한다고 믿었다. 그는 또한 시편 65장을 창조의 풍부함을 통하여 하느님이 세상에 친밀하게 참여하심을 보여주는 길로서 묘사했다. 안식일은 다른 방식으로 살아갈 것을 장려한다. 그래서 안식일은 우리 자신이 하느님의 창조와 창조의 휴식에서 분리되어 있지 않음을 보여줄 것이다. 우리는 분리되자마자 즉시 스스로 외로움에 처하게 되고 창조는 폭력적이 되기 때문이다.[39] 탈출기 23,10-11과 레위기 25,3-7 두 편은 사람과 짐승 및 땅을 위한 휴식으로서 안식년의 중요성에 대해 말한다.

안식일은 하느님의 지혜를 통해 하느님이 의도하시는 바대로 됨으로써 하느님에게 영광을 드리는, 모든 피조물을 향한 하느님의 궁극적 목적을 가리킨다. 아마 생태적 실천을 전개해 가는데 있어서 가장 큰 어려움은 감사함으로 이해될 수 있는 능동적 쉼 안에서 하느님과 자연 세계와 함께하기 위한 특별한 시간을 확보하는 것일 수 있다. 창조는 단순한 "선"good이 아니라 거룩함으로 천명된다. 그것은 아마도 침묵하는 피조물의 "소리"와 그 요구를 듣기 시작할 수 있는 맥락 안에 존재할 것이다.

---

[39] Ibid., 145.

지구의 관점으로 본 성경

성서해석학이 한때는 해석자의 추정과 거리를 두려고
했었지만, 현대 성서학자들은 무의식적으로라도 이러한 거
리두기가 사실상 불가능하다는 점을 받아들이고 있다. 확
실히 우리 주장을 중립적으로 가져가려 하기보다, 그 의미
의 다양한 측면을 강조하기 위해서라도 특정한 렌즈를 통
하여 성경을 읽을 필요가 있다. 지구 성경 프로젝트[40]는 성
경을 특정한 원칙에 의해서 읽도록 권고한다. 즉, 과거에는
무시되어 왔던 지평들을 개방하여 읽는 것이다. 이는 문학
적이고 문화적인 분석을 통해 본문에서 특정한 의미를 발
견하도록 하는 것은 아니다. 몇몇 사람은 지구 성경에 적용
된 원리가 대안적 해석을 허용할 정도로 개방적이지 않다
고 주장하지만, 이러한 방식이 이전 방식을 수정한 것임은
분명하다. 그 원리 자체는 생태학자뿐만 아니라 성서학자
와 협의해서 도달한 결과이다. 그것은 성경의 지혜 전통과
조화를 이루는 자연 세계에 관하여 경청할 것을 대변하고
있다.

---

40 지구 성경 프로젝트는 성경의 주요 부분을 생태정의의 원리에 따라 읽
는 것에 중점을 두는 국제 연구 프로젝트로서, Sheffield Academic
Press.에 의해 발족되었다.

【지구 성경의 생태정의 원리】

노만 하벨Norman Habel은 성경의 해석과 관련되어 특별한 의미를 갖는 여섯 가지 생태정의 원리를 제안하였다.

첫째, 고유 가치의 원리로 이는 피조물의 가치와 연관된다.

둘째, 상호연결성의 원리로 이는 생태론자와 환경론자에게 보편적으로 친숙한 개념이다.

셋째, 목소리의 원리는 지구가 감사하거나 불의에 저항하는 목소리를 낼 능력이 있다고 주장한다. 그러므로 지구에 대한 관점은 인간과 유리된 것이 아닌 친족적 연대감으로 바라보아야 한다.

넷째, 목적의 원리는 우주와 지구 그리고 모든 구성원들은 각자 하느님에 의해 주어진 목적에 따르는 역동적 우주 설계의 부분임을 주장한다.

다섯째, 청지기 정신의 원리는 지구와의 관계에 있어서 인간의 역할을 반영한다. 인간은 스스로 지구의 손님으로서 주인인 지구의 청지기라고 생각해야 한다.

여섯째, 저항의 원리는 지구와 그 구성원들은 능동적으로 인간에 의해 자행된 불의에 저항할 것을 요구한다.

_ The Earth Bibie Team, "Guiding Ecojustice Principles."

이러한 원리는 성경의 본문을 인용하여 명확하게 묘사함으로서 이해하기 쉽게 하였다. 고유 가치의 원리는 달리 주장할 것이 없는 지구의 선함에 관해 확실히 말씀하신 티모테오1서 4,1-5의 해석과 관련되어 있다. 이 사목 서간은 혼인을 금지하고 음식을 자제하는 것과 같은 금욕적 실천을 옹호하는 사람의 주장에 도전하고 있다. 티모테오서에서 음식은 감사드리며 받는 것이고 하느님이 창조하신 모든 것은 좋은 것1티모 4,3-4이다. 티모테오1서 4,5에서 모든 피조물은 축성되어 거룩해진다고 말하고 있다. 이것은 인간에게만 적용되었던 보다 전통적인 축성의 사용과는 대조적이다.

상호연결성의 원리는 창세기 4장의 이야기에 대한 해석과 연관된다. 널리 알려진 카인과 야훼의 이야기에서 세 번째 주인공은 실제로 땅 자체이다. 땅을 부치는 농부인 카인은 그의 노동에 대해 야훼로부터 축복받기를 원했지만 축복받지 못했다. 양을 치던 아우 아벨에 대한 그의 반응은 그를 죽이는 것이었다. 그때 야훼는 땅바닥에서 울부짖는창세 4,10 아벨의 피의 목소리에 대해 물으셨다. 카인은 더 이상 땅에서 살 수 없었고 저주받은 땅에서 완전히 쫓겨나서 세상을 떠돌며 헤매게 되었다. 타락에 대한 응징은 땅의 사람이라는 이름의 노아와 함께 홍수를 통하여 다가왔다. 그는 땅과 올바른 관계를 가진 사람으로 홍수에서 살아남은 유일한 사람이다. 노아는 홍수 이후에 다시 땅과의 올바른 관계를 가장 중요한 것으로 삼으며, 포도밭을 가꾸는 첫 번째 사람이 되었다.

목소리의 원리는 위의 성경 말씀에 역시 묘사되고 있다. 은유적으로 땅은 아벨의 피에 대해 야훼에게 "울부짖음"으로써 언급된다. 예레미아서 12장과 같이, 보다 직설적으로 땅의 탄식을 말하는 많은 구절이 있다. 그 탄식은 12,4에서 정점에 이르러 모든 피조물을 대신하여 호소하고 있다. 폐허가 된 땅이 하느님에게 통곡하고,12,11 하느님이 응답하신다.16,19 그것은 땅과의 직접적인 관계를 나타낸다. 예레미아는 도덕적 질서가 창조 질서에 영향을 미친다고 주장한다. 하느님의 분노는 부분적으로 예레미아서 4,23-26처럼 환경 파괴의 원인이다. 이러한 분노는 이스라엘이 부정해서 화를 돋운 것이지만, 이 분노 곁에는 하느님의 마음을 건드리는 슬픔이 있다.예레 12,7;11 사람과 땅 모두와 연결된 하느님의 소유물 혹은 "유산"은 버려졌고 그러므로 이제는 하느님 축복의 대상이 아니다. 땅이 하느님에게 속한다 하더라도, 하느님은 어찌할 수 없음을 드러내면서, 그에 대한 책임을 다른 곳에 주었다. 하느님은 이제 저항에 관한 생태정의의 원리12,9를 암시하면서 야생의 동물을 심판의 도구로 불러낸다. 예레미아가 보여주는 마지막 비전은 모든 인간과 땅을 우주적으로 포함하는 구원에 대한 희망이다.

목적의 원리는 로마서 8,18-22에 나타나 있다. 피조물은 자신의 의지와는 달리 허무의 지배를 받는다. 그러므로 회복의 희망이란 인간이 다시 한 번 하느님에게 호의를 구하는 것에 남아 있다. 이 구절은 바오로가 인간이 창조 순서의 마지막으로 설정된 창세기 1장의 전통적 해석을 믿고 있다고 추정된다. 로마서 8장에서 언급된 땅의 예속은 로마서 5장에서 주장한 아담의 죄와 연결된 것으로 볼 수 있다. 그리스도의 은총의 관점에서 볼 때, 인간은 하느님의 은총에 응답하고 그에 따라 행동한다. 피조물의 고통에 대한 묘사는 땅에 관한 긍정적인 미래를 약속하는 출생의 고통에 대한 묘사이다.

청지기 정신에 대한 다섯째 원리는 오히려 발견하기가 쉽지 않다. 시편 8장은 역설적으로 땅을 지배하는 인간특히 남성에 관해 하느님께 사과하는 것으로 읽을 수 있다. 노만 하벨은 창세기 1장에서 땅과 땅이 키우는 존재에 관한 이야기를 발견하였지만, 그 후에 땅이 모든 생명에 대해 힘을 가진 아담에 종속되어 부차적인 역할을 하는 이야기로 옮겨간 것을 발견하였다. 인간은 땅을 지배kabash하는 것을 전제로 힘에 의한 정복을 표현하기 위한 맥락으로도 사용되었다.

하벨은 우리가 이에 대한 부정에서 자유로울 수 없다고 믿는다. 그는 인간의 지배에 관하여 언급하는 곤란한 본문들의 의미를 다시 살려내고자 노력하기보다, 더욱더 확실하게 할 것을 제안한다. 즉, 땅에 관한 이야기의 전반부를 훨씬 더 두드러지게 하는 것이다. 청지기 정신의 원리에 관한 표현이 성경의 본문에서 거의 찾아볼 수 없더라도, 이러한 성경 읽기는 땅과의 동류감과 청지기 정신의 감각을 보다 깊이있게 할 것이다.

이와 같은 새로운 성경 읽기는 특정한 문제의식을 갖고 본문을 본다는 점에서 논란의 여지가 있다. 비판가들은 성경 안에서 구체적인 생태적 단서에 관한 증거를 발견하는 것이 오랜 해석의 역사를 깨트린다고 생각한다. 이에 대한 하나의 대안은 성경의 이야기가 이와 직접적인 연관성이 있다고 주장하기보다, 오늘날의 환경보호 활동과 연관된 세계관이나 관습을 지원할 수 있다고 주장하는 것이다.[41] 나를 포함한 많은 사람은 성경의 전통이 확고하게 긍정하고 있는 측면으로 정의, 지혜, 절제, 겸손과 마찬가지로, 믿음, 희망, 사랑과 같은 생태와 연관된 덕을 포함하기를 원

---

[41] Barker, *Creation*, 1-33.

해 왔다.[42] 명시적으로 생태적 성경읽기를 지지하는 사람들은 그러한 렌즈를 사용하는 것이 항상 구체적 맥락과 장소에 기반을 두었던 전통적 성서학자와 다를 것이 없다고 생각한다.

✓ 돌아보기

1. 그리스도교의 인간 중심적 분위기가 환경의 피해를 일으켰다는 비판에 대하여 그리스도인으로서 어떻게 방어할 수 있는가?

2. 드웟의 일곱 가지 청지기 원리를 지구 성경의 생태정의 원리와 비교하여 보라. 어떤 것이 더 설득력 있고, 왜 그런가?

3. 성경이 현대에도 여전히 도덕적 요구를 제시할 수 있다고 생각하는가?

4. 성경의 어떤 주제가 생태적 운동을 고무시키는데 가장 관련이 있다고 생각하는가? 왜 그런가?

---

[42] Dean-Drummond, "The Bible and Environmental Ethics"; 덕에 관해서는 7장을 참고할 것.

3.

새로운 해방의 생태신학

이 장에서는 해방신학의 맥락과 세계적인 빈곤 문제의 연관성 그리고 그것이 어떻게 환경 문제에 영향을 주는지를 살펴 볼 것이다. 레오나르도 보프의 신학 작업에 관하여 논하면서 다양한 시각으로 접근하는 생태 여성주의자와 비교해 보고자 한다.

지하도를 지나면서 더러운 골판지에 기대어 구걸하고 있는 노숙자를 본 적이 있을 것이다. 2011년 인디애나에 도착한 이래 아이가 먹을 것이 없다거나, 여러 가지 병으로 고생하면서 구렁텅이에 버려졌다고 느낀다는 등 참전군인이 들쭉날쭉 맞춤법도 맞지 않게 쓴 비통한 글이 적힌 종이를 늘 보아 왔다. 세계에서 가장 부유한 나라 중 하나라고 뽐내지만 한편으로 국가에서 제공되는 복지가 빈약한 미국에서 이와 같은 일을 겪는 것은 아주 흔한 일이다. 해방신학자는 부유한 나라든지 혹은 가장 가난한 지역에서든지 사회에서 소외된 편에 서기를 원하는 사람이다. 이러한 신학자들이 가장 중요하게 생각하는 것은 끔찍한 빈곤이란 운이 없거나 잘못된 약물중독의 습관을 가진 사람들에게 생기는 현상이 아니라 그 사회의 사회정치적 구조와 관련이 있다는 것이다. 해방신학은 세계에서 가장 가난한 나라, 특히 남아메리카의 불의한 정치적 구조와 여러 형태의 전체주의 정권에 의해 억압된 이들의 고통을 증언하는 사람들의 경험에서 탄생하였다. 문제는 그 빈곤을 어떻게 해결할 수 있는가이다. 서구 사회의 "발전"이라는 미사여구를 강력하게 비판하는 이유는 그것이 특정한 문화적 가치를 수입하는 것과 연관되기 때문이다. 처음에 해방신학은 독재 통치라는 구체적 상황 안에서의 인간의 생존과 번영에 초점을 두었었다. 그러나 빈곤이 황폐화되는 땅과 연결된다는 성찰을 통해 가난한 자의 울음이 지구의 울음과 연결된다는 것을 의미한다고 받아들이게 되었다.

빈곤, "발전" 그리고 생태론

1940년대에 가장 힘 있는 목소리는 "근대화"로 알려진 특정한 발전 모델을 선호하는 것이었다. 이른바 "저개발"

국가는 "선진" 부유한 나라로부터 재화를 투입받아 경제를 부양함으로써, 경제적 의미에서 생산적이 되는 방법을 찾아야만 했다. 이러한 발전 전략이 안정된 민주 사회를 만들어내기 위한 길을 제공할 것이라고 생각하였다. 안드레 프랑크Andre Frank는 "종속이론"으로 알려진 대안을 통해 근대화라는 논지에 도전하였다. 그는 외국 독점자본과 국내 엘리트가 이익을 빨아들이며 전반적인 경기 부진을 유발한다고 주장하면서, 자본주의와 낙수효과trickle down 추구만이 남아메리카의 발전을 가능하게 한다는 주장을 비판하였다. 구스타보 구티에레스Gustavo Gutierrez는 용어와 관련된 경멸적인 의미를 피하고 보다 성경의 주제와 연결되도록 하기 위해서 "발전"이라는 용어보다 "해방"이라는 용어를 써야 한다고 주장하였다.[43] 그에게 있어서 사회주의의 혁명적 형태야말로 지역과 국가 그리고 국제적 수준에서 계급투쟁의 형태로 전형화되어 불의한 사회의 폐쇄성을 부수는 유일한 길이었다. 종속이론이 원리적 측면에서 근대화를 공격하였지만, 정치적·사회적 딜레마에 대한 구체적 해결책으로 이것이 실현되었을까?

역사적으로 발전을 택할 것인가 혹은 환경에 관심을 가

---

[43] Gutierrez, *A Theology of Liberation*.

질 것인가를 구분하는 것은, 단순히 인간과 판다 사이에서 한쪽을 선택하는 문제가 아니라 사회 문제에 접근하는 방식의 차이를 명확하게 보여주는 것이다. 스펙트럼의 "빨간색" 쪽 끝에서는 자본주의를 문제의 근본 원인이라고 본다면, "녹색" 쪽에서 보는 관점은 일반적으로 기술 문화를 격렬하게 거부하는 것이다. 1970년대에 창설된 그룹인 환경재단Environment Fund과 같이 환경 문제에 관심을 갖고 있는 기구들은 환경파시즘eco-fascism의 형태를 지지하기조차 하였다. 그들은 지구의 최빈국에 있는 가난한 사람들의 환경이 개선될 전망을 비관적으로 보고, 인구 증가를 극단적으로 줄이기 위한 조치마저 지원하려 했었다. 1980년대 이후에 들어서면서 인간의 장기적 미래를 위해서는 경제의 성장은 생태를 세심하게 돌보며 함께 손잡고 가야만 한다고 생각하기 시작하였다. 가톨릭 사회교리의 통합적 발전이라는 개념과 지역과 지구의 한계들을 인식하는 "내생적"內生的, endogenous 발전이라는 생각들이 대안으로 포함되었다.

점차적으로 지속가능성과 지속가능한 발전이라는 용어들이 생겨나기 시작하였다. 하지만 불행하게도 이것은 지구의 수용 능력에 상응하는 생활양식을 갖도록 이끌지도 못했다. 때때로 그것은 인간 사회의 지속가능성만을 의미하는 것으로, 인간 세대의 미래를 위하여 꼭 필요한 것인 인구, 소비, 자원 활용, 공해라는 측면들과 관련된 것이었다. 더 부적절한 것은 취약한 농촌 공동체를 붕괴시키거나 생계 수단을 잃어 버릴 수도 있는 고도로 산업화된 영농 방식을 도입하는 것이었다.

【사례 연구 : 키나파트 농업 사례】

필리핀에서 벌목꾼이 처음 삼림을 개간하였을 때, 초기 정착민들이 들어와서 작은 언덕에 키나파트 마을을 세웠다. 처음에는 1헥타르 당 60~80부대의 옥수수를 수확하였다. 20여 년이 흐른 후 1980년대에 이르러, 수확은 83%로 줄었고, 그로 인해 일하는 사람의 반 이상이 보다 비옥한 땅으로 대안을 찾아 이주하며 단지 이 상황이 반복될 뿐이었다. 공식적인 농업 관리들은 수확이 줄어드는 이유가 시대에 뒤떨어진 농법 때문이라고 믿었다. 그들은 화학비료 및 농약과 함께 수확률이 높은 품종들을 추천하였다. 가장 좋은 땅은 항상 대규모 영농 기업의 농장에 주어졌고, 다수확 품종을 파종하고 화학비료를 투입하였다. 이것은 가난한 사람들로 하여금 우림을 개간하고 남은 언덕 지역에서 농사지을 수밖에 없도록 하였다. 강우량이 급격히 줄고 작물은 해충과 가뭄 혹은 급작스런 홍수에 취약하게 되면서 농업은 이러한 조건에서 더욱 위태로워졌다. 한 차례 흙이 씻겨 내려가면 바다로 흘러 들어가 산호초에 퇴적되었으며 물고기가 모일 수 있는 서식지를 파괴하였다. 다수확 품종과 기타 집약적인 농법을 활용하려는 시도는 경제적인 이유로 불가능했다. 키나파트 지역 농민들은 그들이 집약 농법을 거부했기 때문에 수확률이 낮다고 믿었지만, 사실은 치명적인 땅의 유실이 땅의 양분을 차츰 빼앗아 간 것이었다. 세 명의 농부가 낮은 생산성의 이유를 연구하는 조사에 참여하기로 결심하였다. 그들은 처음 그 곳으로 옮겨 왔을 때 훨씬 생산성이 높았던 증거 자료를 제시하였다. 땅이 원래 비옥했다면 그들의 지난 시기 전통적 농법이 적절한 것이었고, 따라서 낮은 수확율은 땅의 생산성 손실 탓이라 할 수 있다. 그들은 경사지 농업기술Sloping Agricultural Land Technology: SALT로 알려진 단순한 대안이 땅의 유실을 막고 성공 가능한 농장을 만들 수 있을 것이라고 믿었다. 몇몇 농부들은, 그들이 그 땅에 대해서 어떤 공식적인 권리도 없었기 때문에, 다른 이유로 인해 땅에서 쫓겨날 수도 있다고 걱정하였다. 그렇지만, 이러한 걱정에도 불구하고 농부들은 단순히 다른 지역으로 떠나는 것은 그들의 공동체를 분열시킬 수 있을 것이라고 생각하여, 키나파트 SALT 농부협회를 만들기 위해 단결하였다. 또한 그들은 적절한 시기에 땅을 등록하고 소유하는 것이 실현될 수 있을 것이라는 희망을 갖게 되었다.

_ White and Tiongco, *Doing Theology and Development,* 154-58.

생태와 해방

레오나르도 보프는 해방신학을 생태 문제와 실제적으로 통합하려한 탁월한 해방신학자 중 한 명이다.[44] 그는 고향인 브라질에서 아마존 지역의 열대우림이 위협받고 있는 경험을 기록하였다. 그의 책 『생태론과 해방』*Ecology and Liberation*은 지구의 생태 문제에 관해 더욱 각성해야 할 필요성을 생생한 경험으로 이야기한다. 그는 특히 인간의 기본적 필요와 지구 환경 문제를 고려하는 것에 실패하고 유기농, 보존 혹은 무첨가 제품에 초점을 맞춘 환경정치학의 형태에 대해 비판하였다. 앞으로의 과제는 인간과 자연, 개인과 공동체의 "단절된 관계"를 치유하는 것이다. 새로운 지구 정치경제학에 관한 그의 논제는 다음의 요소들로 이루어진다.

a. 인간화의 기본적 요소는 자유를 존중하고 인간의 개인적 정체성을 소중히 여기는 것이다. 인간이 기본적으로 필요한 것들은 충족되어야 한다. 예를 들면, 최소한의 식량, 안식처, 보건위생에 관한 요구이다.

---

[44] Boff, Ecology and Liberation.

b. 다양한 모든 민족을 폭넓게 포함하는 시민권.

c. 정치적 평등을 보다 크게 실현하는 공정함.

d. 인간과 생태적 복지. 그 목적은 단순히 수입이나 노동 환경을 개선하는 것이 아니라 삶의 질을 높이는 것이어야 한다.

e. 문화적 다양성에 대한 존중.

f. 문화적 호혜와 상호보완성.

그는 현대 문명을 구성하는 축은 생명 혹은 생명의 경이로움이 아니라 더 많은 권력과 지배를 위한 그 자체의 힘과 수단이라고 비판하였다. 해방신학과 근본적 생태론은 다음과 같은 공통점을 갖고 있다.

두 가지의 피 흘리는 상처에서 시작된다. 빈곤의 상처는 세계의 수많은 가난한 사람의 사회적 구조를 부순다. 지구에 대한 조직적 폭력이라는 또 다른 상처는, 현대의 지구적 사회들에 의해 자행된 개발 약탈의 위협을 받는 지구의 조화를 무너뜨린다.[45]

---

[45] Boff, *Cry of the Earth*, 104.

그는 해방신학과 근본적 생태론 모두 고통을 깨닫기 시작했을 뿐만 아니라 고통 받고 있는 양쪽 모두 유사한 원인에 뿌리를 두고 있다고 생각한다. 그것은 부의 축적을 부추기고 사람에 대한 착취 및 자연 세계에 대한 약탈 모두를 조장하는 사회제도이다. 그는 인간 해방에 초점을 둔 급진적 해방신학과 지구 없이는 어떤 인간 생명도 있을 수 없다는 생각으로 지구 보전을 최우선으로 하는 근본적 생태론 사이에서 망설인다.

점차적으로 해방신학은 기초 공동체의 중요성에 주의를 기울임으로써 토착화 신학의 영향을 받으며 조정되어 왔다. 다코타 파이프라인의 경우는 정치적 급진 저항 세력을 형성하여 사회를 바꾸기 시작하였지만, 토착 문화는 사회주의 이데올로기를 갖고 자본주의 경제를 급진적으로 비판하기보다, 우선 땅과 친밀한 일치identification with the land를 강조한다. 그 지역의 신학을 강조한다면 토착 전통은 매우 중요하다.

사이먼 샤마Simon Schama는 『풍경과 기억』Landscape and Memory에서 역사적으로 유럽과 북아메리카에서 인간과 장소의 불가분한 관계가 얼마나 민감했는지를 탐구하였다.[46]

---

[46] Schama, *Landscape and Memory*.

그는 자연 세계가 인간의 문화와 분리될 수 없다는 점을 강조했다. 풍경은 이러한 상호작용의 표현이다. 이러한 관점은 인간의 존재가 어떤 개조 없이도 자연 세계의 고유한 것들과 조화를 이루는 것이 가능하다는 생각, 즉 오래된 전통적 사고 방식에 내재된 관점에 도전한다. 이러한 관점은 아직도 미국 생태신학자 사이에서 영향력이 큰 헨리 데이비드 소로, 존 뮤어, 월트 휘트먼Walt Whitman, 수잔 페니모어 쿠퍼Susan Fenimore Cooper처럼, 19세기 미국의 환경론자들로 대표되는 야생의 낭만적인 아메리카 전통과도 또 다르다. 해방신학이 제시하는 약탈, 자본주의, 침략의 캐리커처 이상으로 풍부한 서구 전통에 묻혀 있는 정신적 자산들을 통해 이러한 역사적 작업으로부터 배우는 것 또한 가능하다.

【아프리카 전통을 통합하기】

아프리카 독립교회AIC 연합은 아프리카 토착 문화와 그리스도교 신앙의 통찰력을 결합하기 위해 노력해 왔다. 이러한 노력은 토착 종교의 관점에서 풀뿌리 실천을 함으로써 해방적 접근으로 통합되어 온 사례가 되었다. 150여 개의 교회들은 종교 연구와 생태 보호를 위한 짐바브웨연구소

ZIRRCON 작업에 영향을 받아 아프리카 지구지키기 교회 협회AAEC를 만들고, 짐바브웨 전통주의 생태학자 협회 AZTREC라는 전통적 아프리카 종교 집단과 함께 의장과 촌장 그리고 영적 매개물을 구성하는데 협력하였다. 그들은 나무심기를 종교 의식에 통합하여 짐바브웨에 3~4백만 그루의 나무를 함께 심는데 성공하였다. AAEC의 종교 지도자들은 사회에서 소외된 가난한 사람들이 나무를 심는 것을 지구를 치유하는 소명을 실천하는 성스러운 사명으로 바라보았다. 이러한 일은 그리스도교 신앙으로의 개종이라는 보다 전통적이며 복음적인 과제와 연결되었다. 피조물의 보호자로서 교회의 모습은, 부족의 창시자 조상이 땅의 보호자이며 성스러운 숲과 안식처를 지키는 분이라는 전통적인 쇼나족Shona의 우주론과 연결된다. 그리스도교 신앙과 관련하여 그리스도는 땅의 우주적 보호자가 되고 조상들의 모습으로 예시된다. 그리고 성령은 쇼나 보호자를 지배하는 것으로 이해된다. 의도적으로 지구를 파괴하는 자는 짐바브웨의 독립을 위한 해방 투쟁에 반대하는 자들과 함께 "마법사"wizards로 여겨진다. AAEC의 첫 번째 대표인 마초코토Machokoto 주교는 두 가지 용어들 간의 관계를 말하면서, "우리의 나무 전쟁war of the trees과 앞서의 해방 투쟁chimurenga 사이의 관계는 의심할 여지없이 연결되어 있다."545고 주장하였다.

_ Daneel, "Earthkeeping Churches," 531-52.

생태 여성주의신학

여성주의자들은 환경 문제에 대한 활동에 있어서 실제
적으로 지도적 역할을 해왔다. 여성은 역사적으로 자연과
연관되었을 뿐 아니라, 문화적 압박 또한 가부장제에 내재
된 이원주의를 통하여 제약을 당해 왔다. 환경적 불평등은
전 세계적으로 여성에게 불평등하게 닥쳐온다.[47] 어떤 여
성주의자는 생태 여성주의를 여성주의의 "제3의 물결"이
라고 묘사하였다. 여성주의자의 생각은 해방신학과 유사한
방식으로 풍부한 이론적 개념이 실천에 영향을 미치고, 그
반대의 경우도 마찬가지라는 것에 적극적 관심을 갖고 프
락시스praxis를 가장 강조한다. 생태 여성주의 내에서의 정
치적 입장은 보수적인 관점에서부터 보다 급진적인 정치
적 개혁에 이르기까지 매우 다양하다. 헤더 이튼은 생태 여
성주의를 지역적 혹은 국가적 집단에 따른 활동주의자, 환
경주의자, 여성주의자의 만남의 장소이며 여러 가지 길들
의 교차로라고 비유하였다.[48]

---

[47] 성과 관련된 더 많은 논의는 Cahill, "The Environment, the Common
Good and Women's Participation."를 참조할 것.

[48] Eaton, *Introducing Ecofeminist Theologies*, 3.

여성과 자연

많은 생태 여성주의자들은 영성을 표현하는 대안적 방법을 찾아왔다. 이는 적어도 전통적 신학자들에게는 필연적으로 받아들일 수는 없는 것이었다. 성경의 기록에서 여성이 부정적으로 그려진 수많은 사례를 떠올리면서 급진적인 생태 여성주의자들은 성경에서 영감을 얻는 것을 포기하였다. 예를 들어, 수잔 그리핀Susan Griffin은 그녀의 책 『여성과 자연: 그녀 안의 부르짖음』*Women and Nature: The Roaring Inside Her*에서 죽음의 공포를 직면하는 인간이 만들어낸 영혼 - 육신, 마음 - 감정, 문화 - 자연의 이원성을 추적하였다.[49] 남성은 이러한 피할 수 없는 유한성과 마주하는 대신에 여성과 자연을 억압하였다고 주장하였다. 따라서 그녀의 해결책은 유한성의 지구를 인정하고 받아들임으로써, 자연의 목소리와 여성의 목소리를 함께 구체화시키고 열정적으로 만드는 것이었다.

자신의 가톨릭 뿌리를 더 의식하는 로즈마리 래드포드 류터는, 특정한 억압의 패턴에 의해 이어온 경제, 사회적 구조를 고려하지 않고 종교적 실천만을 추진하는 "여신

---

[49] Griffin, *Women and Nature*.

학"thealogy의 여러 장점을 거부하였다. 그녀는 토마스 베리의 새로운 창조 이야기에 관심을 가지면서도, 그것을 상호작용하는 유기체적 지구라는 그녀 나름의 사고방식으로 새로운 버전을 만들었다.[50] 그녀에게 가이아란 자연 세계에 구체적으로 현존하는 우주적 하느님을 의미하는 성사적 전통을 대표하는 것이다. 부활은 지상에서의 미래 삶에 있어서도 우리 육체의 물질이 계속된다는 측면으로 해석되며, 그것은 오직 인류가 "의식의 깊은 변화"를 경험한 후에만 가능한 그녀의 용어인 "순환의 영성"spirituality of recycling으로 이어진다.[51] 헤더 이튼은 그리스도교의 구원론이 세계를 긍정하기보다 거부하도록 한다는 이유로, 이를 명시적으로 거부한다.[52]

메리 그레이는 류터 논지의 배경이 되는 계약과 성사에 관한 영성은 많이 다루진 않았지만, 그녀가 "희망에 대한 터무니없는 추구"[53]라고 부르는, 영감의 원천으로서 성서의 예언적 주제를 많이 다루었다. 류터와 마찬가지로 그녀는 자신의 논지를 문화 분석에 놓았다. 그리고 원하는 것이 필요한

---

[50] Ruether, *Gaia and God*.
[51] Ruether, *Introducing Redemption*, 119.
[52] Eaton, "Epilogue."
[53] Grey, *The Outrageous Pursuit of Hope*.

것이 되는 문화가 조성되는 것을 엄중하게 비판하며, 환경에 대한 착취적인 태도를 간접적으로 불러일으키는 소비주의 문화를 비판하였다. 한편으로 그녀는 인간과 지구 모두를 포함하며 사회 정의에서 생태를 분리하지 않는, 이사야에서 그려진 이상사회에 관한 예언적 전망을 이야기하였다.

그레이의 생태 여성주의 영성은 일반적인 해방신학처럼 소외된 곳과 황폐화되는 지구와 착취당하기 쉬운 사람들의 고통이 연결되는 구체적 상황에서 시작한다.[54] 또한 그녀는 지구의 필요에 반응하는 대안적 영성이 아니라, 세계화를 통해 인간 사회에 자리 잡게 된 위협들을 구체적으로 인지하자고 주장한다.[55] 그녀는 특히 세계화가 잘못된 마음의 욕망에 의해 실질적 영향을 갖는 영성으로 자리 잡았다고 생각했다. 그러므로 욕망에 관한 재교육을 통해 대안을 제시함으로써 그 문제를 해결해야 한다고 믿었다. 그녀는 상상과 감정에 호소하기 위하여 의도적으로 엮은 우화나 신화처럼, 스토리텔링과 결합된 추론을 통해 인간에게 통합적으로 다가가는 다양한 방식의 의사소통을 사용하였다.

---

[54] Grey, *Sacred Longings*.

[55] 소비주의와 세계화에 대한 비판과 관련된 것은, 비록 어떤 생태 여성주의의 연대와도 분리되어 있지만, 프란치스코 교종의 회칙 『찬미받으소서』에서도 주장되고 있다.

【실천에 대한 결의】

생태 여성주의신학자는 해방신학자와 마찬가지로 이론과 실천 혹은 프락시스와 상호관계적이 되기 위해 최선을 다한다. 예를 들어, 메리 그레이는 인도에서 우물을 만드는 비정부기구NGO의 창설 멤버이다. 이러한 실천의 경험이 가장 낮은 신분 계급에 있는 인도 여성과 인간 존엄성을 위한 투쟁 경험에 관해 쓰는 글에 열정과 확신을 갖고 스며들어 있다. 특별히, 그녀는 매우 서구화되어 있는 독자들에게 금욕과 단순함 그리고 희생의 길을 받아들이도록 권고한다. 그녀는 대안적 영성을 제시함에 있어서, 다양한 종교의 관점에서 성공적으로 호소하고 있다. 많은 생태 여성주의자들처럼, 그녀는 이론에 치우치는 특정한 신학적 분석보다 실제의 상황과 그 상황이 제기하는 도전에 더 관심을 갖고 있다.

_ Wells for India, http://www.wellsforindia.org.

여성은 자연 세계와 동일시되어야 하는가? 그렇지 않은가? 만약 그렇다면, 이는 억압에 대한 구실을 제공하는 것 같다. 만약 그렇지 않다면, 인간과 인간을 제외한 자연 세계를 나누는, 그들이 거부했던 철학적 이원론으로 빠지는 것 같다. 스테이시 앨러이모Stacy Alaimo는 이것을 다음과 같이 통렬하게 표현하였다. "자연을 대신하여 이야기한다는 것은, 자연이 여전히 인간 목소리로 뒤덮여 있기 때문에 또 다른 형태의 침묵이 될 수 있다. 여성주의자의 목소리 또한 인간의 목소리이다. 소의 어미와 새끼 간의 유대가 아름답다고 말하는 것은 의심할 여지없이 소가 그렇다기보다 문화적 여성주의 관점으로 말하는 것이다."[56]

생태 여성주의 해방신학

그레이스 얀첸Grace Jantzen의 『하느님의 세계, 하느님의 몸』The God's World, God's Body, 샐리 맥페이그의 『하느님의 몸』Body of God은 생태 여성주의신학뿐만 아니라 조직신학의 논쟁에도 영향을 미쳤다.[57] 얀첸은 인간이 영혼과 육신으로 분리되어 존재하는 것이 아니라 영혼이 육신에 체화되어 있는 것과 마찬가지로 하느님 또한 세계에 체화되어 있으며, 신의 초월성은 인간의 초월성과 유비적類比的이기 때문에 하느님과 세계를 전통적으로 분리하여 보는 것과는 의미를 달리한다고 주장했다. 얀첸은 하느님의 의지와 의도를 표현하는 것이 우주 그 자체라고 믿었다. 육화된 하느님은 사랑을 향한 열망에 의해 하느님의 권능이 자기 제한적이 되는 값을 치른다. 자기 제한적인 하느님의 권능 같

---

[56] Alaimo, *Undomesticated Ground*, 182.

[57] Jantzen, *God's World, God's Body*, McFague, *The Body of God*.

은 개념은 생태 여성주의에서만 독특한 것은 아니며, 얀첸은 이 개념을 여성적 신성을 갖는 하느님이라는 생각과 결부시켜 새로운 방식으로 받아들인다.[58] 다른 많은 여성주의 작가들과 마찬가지로 그녀는 서양 문화에서 발견되는 이원론적 경향을 강력하게 비판하며, 이러한 이원주의 바탕에는 통제하려는 욕망이 있고, 이것은 여성과 자연에 대해서 뿐 아니라 성적 취향, 감정 및 기타 인종들을 통제하려는 태도로 이끈다고 믿었다. 그녀는 이 이원론의 근저에 있는 두려움이 몸에 대한 두려움이라고 믿었다. 그녀는 하느님을 세상과 동일시하는 범신론을 명시적으로 찬양하였다. "급속히 파괴되고 있는 땅을 다스린다는 생각 대신에, 땅에 대한 경건함과 감수성을 가져야 한다. 즉 지배를 하느님의 속성으로 볼 것이 아니라, 신성에 완전히 모순되는 것으로 인식해야 한다."[59] 그러나 이러한 태도의 변화가 그녀가 제안한 방식대로 하느님에 대한 믿음이 필연적으로 변화해야만 따라오는 것일까? 왜냐하면 그녀가 이야기 하는 초월이란 여성적 신성으로 표현된 '되어감'의 개념을 통해 재해석되기 때문이다. 그녀는 그러한 견해를 거부하는 사

---

58 Jantzen, *Becoming Divine*.
59 Ibid., 269.

람들은 경계의 상실과 관련하여 모태 안에 삼켜진 존재의 두려움을 표현한다고 생각한다. 그러나 어떤 경계는 구별을 유지하는 데 도움이 되지 않을까?

【하느님의 몸인 지구】

샐리 맥페이그는 얀첸과 마찬가지로 우리가 지구에 관해 생각하는 방식에 영향을 주는 체화된 신 모델을 주장한다. 그녀는 우리가 지구를 "오만한 눈"으로 통제하려는 기계처럼 보는 대신, 지구에 주의를 기울이고, 조화를 이루며 생생한 주체성을 의식해야 한다고 주장한다. 그녀는 지구에 어떤 주체성을 부여함으로써, 지구과학과 진화론을 잘 알고 있음에도 불구하고, 오만한 눈을 지닌 그들의 신뢰성을 평가 절하한다. 그녀에게 있어서 죄는 지상에서 우리의 위치를 받아들이기를 거부하는 것이다. 지구는 "하느님의 등"의 반영이며, 지구가 하느님의 몸이라는 생각은 의도적으로 은유적인 표현을 쓴 것이다. 따라서 우리는 "그 근원에서 나와 이루어진 몸을 통하여 그리고 그 안에서, 모든 존재의 근원이며 피조물의 창조자를 맞이하도록 초대받았다." 그녀의 견해는 신과 세계를 구별하므로써 얀첸의 명시적인 범신론적 접근 방식과는 의견을 달리한다. 여성주의 개념에서조차 하느님을 이해하는 데에 신체의 이미지가 얼마나 도움이 되겠는가? 오늘날 신체는 의료 행위와 기술을 통해 조작되고 개입될 수 있는 주체가 된다. 즉 소비주의는 여성에게 이상적인 신체 모습을 갖도록 압력을 가한다. 사이버 공간은 신체의 이미지를 더 이상

> 세속적인 제약을 받지 않는 가상 세계로 대체한다. 이러한
> 문화적 경향은 신체를 모호한 것으로 만들어 버리고, 따라
> 서 그러한 동일시가 가진 긍정적 이점을 가려 버린다.
>
> _ McFague, *Body of God*, 133–34.

맥페이그의 후속 저서인 『풍성한 생명』*Life Abundant*이
경제학의 사회 문화적 문제에 더욱 초점을 맞춘 것은 의미
가 있다.[60] 그레이와 마찬가지로, 그녀는 서구 사회를 지배
하고 있는 소비주의 문화에 문제의식을 가졌다. 그렇지만,
그녀는 하느님의 몸으로서 세계를 바라보는 범재신론적
메타포를 통해 행위자agential 모델과 유기적organic 모델을
결합하는 이전의 입장을 여전히 유지하고 있다.[61] 이곳에
서 그녀는 하느님의 영광이 모든 피조물의 번영과 관련된
하느님의 은총으로 표현되므로, 피조물이 번영하는 방향으
로 현재의 경제적 관행의 변화를 모색하여 그에 대응하는
방식으로서 하느님 사랑의 개념을 창조주, 해방자 그리고
보호자로 발전시켰다.

맥페이그는 예언적이고 성사적인 신학을 주장하였지만,

---

[60] McFague, *Life Abundant*.
[61] Ibid., 138–41.

그레이와는 다르게 이러한 관점을 이끌어내는 방식에서 그리스도론을 재검토하였다. "우리와 함께하는 하느님"의 개념을 확장하여, 인간 뿐 아니라 모든 다른 형태의 생명에서 드러나는 하느님에 집중하는 생태적 감수성을 갖는 그리스도론을 제안하였다. 그녀는 억눌린 자를 향한 예수의 해방적이며 예언적 사명은 자연 세계를 포함한 모든 피조물로 확장될 필요가 있다고 주장하였다. 그녀에게 그리스도론의 성사적 차원은 포괄적이며 구체적인 것이었다. 즉 하느님 모상imago Dei은 인간만이 아니라 모든 피조물이다. 또한 그녀는 성사적 그리스도론이 현대의 담론에 희망이라는 요소의 생명력을 불어 넣었다고 믿었다. 한편으로 그녀에게 있어서 부활이란 죽음을 이긴 생명의 승리를 상징하는 것으로 해석된다. 그리스도의 부활은 "생명과 생명의 성취 측면에서 하느님 권능을 상징"[62]하는 것이다. 이 경우의 문제는 이러한 희망이 끔찍한 생태적 비극에 직면하여 우리를 유지하기에 충분한 자연의 복원력과 같은 것으로 해석될 수 있는지 여부다. 그녀에게 있어서 부활은 고통과 아픔에도 불구하고 모든 생명에게 하느님이 "예"라고 응답하는 것을 나타낸다. 이것은 대신하여 희생하는 전통적 대

---

[62] Ibid., 170.

속의 이미지와는 다른 구원 모델이다. 그녀에게 있어서 죄는 전통신학에 주로 있는 개인의 잘못된 행동이라기보다 개인적 혹은 조직적 차원에서 이러한 번영을 방해하는 움직임이다.

대부분의 생태 여성주의는 가부장제가 관계를 맺는 방식에 있어서 파괴적인 이원주의와 근본적으로 연결되어 있다고 추정한다. 그러나 길리안 맥컬로히Gillian McCulloch는 가부장적 관계 패턴이 모든 형태의 이원주의와 필연적으로 연결된 것은 아니라고 주장한다.[63] 그녀는 다름에 관해 이야기하는 여성주의자의 입장과 실질적으로 동조하는 방식으로 일치 안에서의 구별을 받아들임으로서 이원주의에 관하여 더욱 정교하게 비판한다.[64] 가부장제에 관한 사회문화적 비판이 꼭 신학적 이원론 및 하느님의 가부장적 개념으로 연결된 비판과 나란히 갈 필요는 없다는 것이다.

행동주의에 대한 강조는 아마 부분적으로 백인 특권층 여성에 지나치게 의존한 것에 대한 여성주의자의 분노와 연결되어 있다. 생태 여성주의에 관한 주요 비판 중 하나는 그것이 학문 지식의 여러 분야와 마찬가지로 부유한 서

---

63 McCulloch, *The Deconstruction of Dualism in Theology*.
64 Parsons, *The Ethics of Gender*.

구 국가의 목소리에 지배되어 왔고 주로 백인 여성에 의해 주도되어 왔다는 것이다. 생태 여성주의 작가들은 다양한 지리적, 문화적 장소에 살거나 그곳에서 글을 씀으로써 이러한 문제를 해결하려고 의식적으로 노력해 왔다. 그리스도교 교의를 명시적으로 다룬 이 분야의 좋은 사례로는 그레이스 김지선과 힐다 코스터Hilda Koster가 지구적 연대Planetary Solidarity에 관해 편집한 책이 있다.[65] 이 책의 가장 인상적인 부분 중 하나는 이야기들이 이론적으로 잘 짜여져 설명된 것이다. 민족지리학적 분석과 같은 도구는 환경적 불의에 처한 사람을 보호하고 돕기 위하여 말 그대로 목숨을 걸고 있는, 세계에서 가장 가난한 지역에서 여성의 환경 행동주의에 영향을 미친다. 신학의 조직적 측면은 초기 생태 여성주의와 마찬가지로 여성주의자의 렌즈를 통해 다루어지지만, 특정한 문화와 사회적 맥락에서의 생명과 삶에 녹아나기 위해 혼신의 노력을 하며 인간학적이고 기타 사회과학적인, 심지어 자연과학적 도구조차 활용한다. 정치학과 비판적 사회이론은 항상 생태 여성주의 주류의 일부였지만 그리스도교 전통의 특정 측면이 거부되거나 받아들여지는 정도에 관해서는 내부적인 논쟁이 있다.

---

[65] Kim and Koster, *Planetary Solidarity*.

다른 말로 하면 생태 여성주의 사상 내에 어떤 균열이 생기고 있는 것이다.

많은 생태 여성주의신학자가 프란치스코 교종의 회칙을 높이 평가하고 있지만, 그가 젠더 문제에 관하여 침묵하면서 성모 마리아의 이상주의적 모습을 포함해 여성에 대한 고정 관념을 드러낸다는 사실에 안타까워 한다. 프란치스코 교종은 특별히 여성에 있어서 환경적 위험이 불평등하게 영향을 준다는 것을 무시하였는데, 이는 분명 아쉬운 부분이다. 프란치스코 교종은 지구를 보전하기 위해 포괄적 접근을 지향하고 있지만, 적어도 여성주의자들은 그들이 듣지 못했다고 믿고 있다. 생태 여성주의가 필연적으로 전통을 해석하는 방식에 관한 문제를 제기했을 때 교종이 이 문제를 공개적으로 표명하지 못한 것에 관해서는 타당한 이유가 있을 것이다. 예를 들어 헤더 이튼처럼 보다 급진적인 사상가는 그리스도교 전통에 대해 강력하게 비판하면서, 그리스도론과 부활이야기 그리고 종말론은 더 이상 진정한 근거를 갖는 신학으로는 적합하지 않다고 주장하였다. 이튼에게 있어서 사후 세계에 관한 생각은 여성주의가 오랫동안 싸워오면서 강력하게 저항한 이원주의를 강화하는 것이다. 샐리 맥페이그와 이본 게바라Ivonne Gebara를 포함한 다른 사람들은 나도 여기에 속한다고 생각한다. 확장적이고 포괄적으로 이해되는 부활의 믿음을 상실한 그리스도교는 신앙의 기반을 잃어버리는 것이고 부활의 빛을 인지했을 때 가능한 이 땅의 회복에 관한 근거를 더 이상 제공하지 못한다고 생각한다.

✓ 돌아보기

1. 오늘날 우리 사회에서 어떤 종류의 해방신학이 필요하다고 생각하는가?

2. 우리 지역과 국가의 환경 불의 측면에서 성 역할과 관련된 억압의 사례가 있는가? 이런 문제가 어떻게 해결되어야 한다고 생각하는가?

3. 맥페이그처럼 땅은 하느님의 몸이라고 생각하는 생태 여성주의자의 사상에서 신학적으로 어떤 장점과 단점을 발견할 수 있을까?

4. 부활 신앙은 환경 행동주의에 방해가 되는가? 도움이 되는가?

4.

프란치스코 교종 : 인류세의 아이콘

이 장에서는 교종 프란치스코의 회칙 『찬미받으소서』 *Laudato Si'*[66]를 연구하면서, 회칙의 신학적 요소와 생태신학에 있어서 특별히 중요한 점에 집중할 것이다.

프란치스코 교종은 그가 원하던 원하지 않던 전 세계의 유명 인사가 되었다. 보수적이거나 혹은 급진적 가톨릭 신자들이 그의 몇 가지 생각에 도전하는 것과 별개로 교종의 명성은 그의 메시지를 무시할 수 없음을 의미한다. 보수적인 가톨릭 신자 일부는 그의 접근 방식이 풀뿌리 민중에 호소하면서 생산과 소비에 관한 자본주의 경제 패턴을 비판하고 있기 때문에 공격적이라고 주장한다. 급진적 여성주의 사상가 중

---

[66] 이 장은 『찬미받으소서』와 회칙의 단락을 광범위하게 1차 자료로 사용할 것이다. 프란치스코 교종의 회칙 『찬미받으소서』는 바티칸과 한국천주교주교회의 웹사이트에서 온라인으로 볼 수 있다.

적지 않은 일부는 여성을 대하는 그의 방식이나 혹은 그의 성 역할 문제에 대한 침묵에 불편해 한다. 그럼에도 불구하고 그의 접근 방식은 남아메리카 해방신학의 아르헨티나 변형으로부터 영감을 받은 일종의 상황신학이다. 비록 그가 전임자 베네딕토 16세의 철학적 세련미에 미치지 못하고 이전까지의 바티칸을 현상 유지하기 위한 정책들에 차질을 빚게 했지만, 광범위한 주제에 관한 그의 열정과 폭넓은 통찰은 어떤 결점도 만회하였다. 환경에 관한 그의 메시지에 여전히 저항하고 있는 사람들은 주변 사람들의 실패가 교종이 생태 문제에서 눈을 돌리게 했다고 주장한다. 회칙 『찬미받으소서』가 공표된 시기는 기후 변화에 관한 국제당사국 회의인 파리협약COP21 직전의 결정적 시기였다. 미국의 트럼프 시대가 출발하면서 그 협약이 약해졌을지라도, 프란치스코 교종은 이전이나 이후로 다른 어떤 교종들도 얻지 못했던 것들을 얻어 냈다. 즉 과학과 환경에 관한 공공의 토론에 신학이 건설적으로 참여하는 개방성을 달성한 것이다.

회칙 발표 직후 약간의 저항에도 불구하고 『찬미받으소서』의 출판과 더불어 프란치스코 교종은 마침내 생태신학을 그리스도교신학과 공식적인 가톨릭 담론의 지도 위에 견고하게 위치시켰다. 프란치스코 교종은 이 문서가 로마 가톨릭 신자나 그리스도인이 아닌 사람에게조차 널리 읽히고 토론되기를 원했다. 대부분의 생태신학과 마찬가지로 그의 호소는 "우리 공동의 집"이라고 부르는, 그를 둘러싼 세상에서 벌어지고 있는 것에 대한 관찰로부터 시작한다. 그의 독특한 사목 스타일은 그의 메시지에 더욱 진정성을 주었다. 그는 무장한 경호원의 보호를 거부하고, 그의 생일날 거리의 노숙자들을 초청해 함께 식사하며, 화려한 사무실을 거절하고 공동으로 사용하는 숙박시설에서 살기를 선택하였다. 그러므로 그가 소박한 생활 방식이 필요하다고 말하는 것에 누구도 그의 진실함을 의심하지 않았다.

【아시시의 프란치스코와 프란치스코 교종】

프란치스코 교종의 태도에 있어서 신학적, 영성적 영감은 그가 이름을 본뜬 생태주의자의 수호성인 아시시의 프란치스코 성인으로부터 직접적으로 온 것이다. Laudato Si'라는 이름은 그리스도교 역사에서 가장 사랑받는 노래 중 하나인 태양의 노래Canticle of the Sun의 첫 번째 줄에서 온 것으로, 노래의 첫 번째 단어가 "찬미"이다. 프란치스코 교종은 프란치스코 성인에 관하여 언급하면서, "우리가 누군가와 사랑에 빠질 때와 마찬가지로, 프란치스코 성인은 해와 달 또는 가장 작은 동물들을 바라볼 때마다 모든 피조물과 함께 찬미하며 벅찬 노래를 불렀습니다."LS 11라고 하였다.

『찬미받으소서』: 도덕적 요청

프란치스코 교종의 글에는 절박함과 열정이 있으며 사용하는 단어를 다듬거나 메시지를 보다 구미에 맞도록 포장하려 하지 않는다. 그는 대중 매체가 "때로는 …… 다른 사람들의 고통, 두려움, 기쁨, 복잡한 개인적 체험을 직접 접하지 못하게 한다."LS 47는 것을 잘 알고 있다. 그는 독자들에게 지구를 "쓰레기 더미"로 만드는 것과 같은 물리적 문제와 지구 공동체 안에서 가장 가난한 자들과 가장 억압받는 자들이 필요로 하는 것, 일반적으로 무관심한 것과 같은 도덕적 문제 모두에 대해, 그 문제의 확실한 근원을 알려 준다. 이러한 무관심의 배경에는 그가 지구 경제에 훨씬 많이 퍼져 있어 인류를 괴롭힌다고 믿고 있는 어떤 집착 같은 것이 있다. 그것은 기술, 사회적 매체 그리고 어떤 형태의 사회 네트워크에 집착하여 인간의 상호 접촉을 줄어들게 만들고 타인의 필요로부터 멀어지도록 하는 것이다. 그가 비록 우상숭배라는 용어를 사용하지는 않았지만, 이것은 그런 점을 암묵적으로 의미하고 있다.

지난 장에서 다룬 해방신학의 주제와 그 연장선상에서, 프란치스코 교종이 전체적으로 초점을 맞추고 있는 것은 인간과 지구 어느 한 쪽을 보호하는 것은 또 다른 쪽 없이는 있을 수 없다는 것이다. 회칙의 첫 번째 장은 지구에서 현재 일어나고 있는 생태적 황폐화를 설명하고 있는데, 그것은 생태신학자와 환경주의자들이 거의 반세기 동안 지적해 온 것이다. 프란치스코 교종은 "지구온난화"에 가장 큰 책임은 인간이 유발한 기후 변화라는 것이 특정한 당파적 관점을 반영하는 것이라는 생각에 반대한다. 이러한 것들이 "기후 변화에 적응하거나 자연재해에 대처할 수 있는 자금이나 자원을 확보하지 못하고, 사회보장제도의 혜택을 받지 못하는"LS 25 사람들에게 타격을 주고 있기 때문이다. 생계 수단을 잃어버리면 외부로 이주할 수밖에 없게 된다. 세계의 여러 곳에서 깨끗한 물을 얻는 게 힘들어지는 것은 인간의 기본권이 위협받는 것이다.

> 우리의 형제자매가 관련된 이 비극에 대한 우리의 부실한 대응은 모든 시민 사회의 기초인, 우리 이웃에 대한 책임감의 상실을 가리키고 있습니다.LS 25

그렇다면 그는 어떤 변화를 제안하는가? 물론 기후 변화를 완화시키기 위한 공동의 노력 또한 필요하지만, 기후 변화에 대한 회복력을 만들어 가는 것만으로는 충분하지 않다. 교종은 첫째, 이산화탄소의 배출을 획기적으로 줄일 것 둘째, 재생 가능한 에너지원에 더 많이 접근할 것 셋째, 공해를 덜 유발하는 청정 기술의 폭 넓은 사용을 권장할 것이라는 정책을 명확히 제시하고 있다. 세계가 기후 위기 완화를 위해 집단적으로 행동할 수 있을까 하는 가능성에 회의적일 때에도 프란치스코 교종은 주저하지 않는다. 그는 생산과 소비에 관한 현재 모델이 신속히 변화해야만 한다고 주장한다. 그는 지금의 상태를 다음과 같이 현실적으로 말하고 있다.

> 유감스럽게도 기후 변화와 관련한 진전도 거의 없었습니다. 온실가스 감축을 위해서 무엇보다도 강대국들과 환경을 가장 많이 오염시키는 나라들의 정직과 용기와 책임이 요구됩니다.LS 169

그의 외침은 무관심과 냉담으로 질식되지 말고 우리가 저지른 일에 대해 깨어 있으라고 모든 사람을 향하여 소리치는 예언자의 외침이다. 그것은 환경 문제의 도전에 대해 "신자들 가운데서조차도 해결책을 찾는 데 방해가 되는 태도가 다양하게 나타납니다. 여기에는 문제 자체의 부인과 무관심, 냉정한 체념이나 기술적 해결에 대한 맹목적 확신이 있습니다."LS 14라고 말하고 있다.

【지구의 도덕적 지위】

지구가 스스로 어떤 선택의지가 있다는 개념이 이전의 몇 몇 회칙들 안에 암시되어 있었지만, 지구와 피조물에 접근하는 방식에 있어서 프란치스코 교종은 피조물에게 상대적으로 더 높은 지위를 부여하는 변화를 보여준다. 그는 전임자들과 비교했을 때, 이 회칙 안으로 더 깊이 들어갈수록 부당한 인간 중심주의를 강하게 비판한다.LS 115 동시에 그는 『찬미받으소서』의 서두에서, 다른 피조물들이 우리 공동의 집에 기여하는 것을 설명하기 위하여 "생태계에 관련된 일"이라는 보다 도구적인 과학 용어를 사용함으로써, 이전의 진술과 비교하여 약간 흔들리는 모습도 보여준다.LS 25

그렇지만 전반적으로 과학 문헌을 균형 있게 다루고 있으며, 기후 변화를 경고하는 사람의 편에 확고히 자리 잡고, 산업 혁명 이래 인간의 영향이 온실가스의 급격한 증가를 가져왔다는 광범위한 주류 과학자들의 관점을 고수하고 있다.

교종이 말하는 것에서 가장 많은 힘을 얻을 수 있는 사람들은 환경 보호주의자와 생태론자이다. 교종은 그들에게 보다 많이 연구하고, 더 나은 에너지 사용 방법을 발견하고, 다양한 모든 삶을 보호할 것을 촉구한다. 우리 주변의 창조된 세계로부터 하느님을 찬미하기 시작하면, 주변에서 보이는 것과 세계에 대한 인식에 있어서 다른 빛을 발견하게 된다. 그는 이제 생태론자와 보존생물학자들이 여러 해 동안 민감했던 것들에 관해 신학적 렌즈를 통해 이해한 새로운 비전을 제시한다. 인간은 세상에 혼자가 아니라 주변에 다른 많은 피조물이 있다. 그는 하느님과 상호관계에 있는 그들 자신의 가치에 근거하여 각각의 모든 피조물을 존중한다. 따라서 "모든 피조물은 서로 연결되어 있기에 사랑과 존경으로 소중히 다루어야 합니다. 살아있는 피조물인 우리는 모두 서로 의존하고 있습니다."LS 42 피조물의 선함에 대해 "오늘날 교회는, 마치 다른 피조물들이 그 고유한 가치가 없고 인간이 마음대로 다룰 수 있기나 한 듯이 인간의 이익에 완전히 종속되어 있다고 단순하게 말하지 않습니다."LS 69

우리와 다른 모든 피조물이 인간이 초래한 공통의 문제에 사로잡혀 있다는 그의 전반적인 메시지는, 1960년대 초 레이첼 카슨Rachel Carson이 『침묵의 봄』Silent Spring을 출간한 이래 이 분야에서 일해온 사람들의 공감을 얻었다. 그러나 『침묵의 봄』이 그 세대에 있어서 분수령이 되었던 것처럼 이 회칙도 어떤 분수령이 될 수 있을 것인가? 자신의 세계에서 잠자고 있는 사람들, 소비주의의 집착에 지나치게 사로잡혀 주변에서 무슨 일이 일어나고 있는지 알아차리지 못하는 사람들을 진정으로 깨울 수 있을 것인가? 일반 생태론자와 프란치스코 교종이 다른 점은, 창조주 하느님이 새로운 세상은 가능하다는 확고한 믿음에 특별한 이유를 주기 때문에 그리스도에 대한 믿음과 하느님의 섭리에 대한 희망을 바탕으로 한다는 것이다. 지난 반세기 동안 수많은 세대를 통해 착취적 이윤에 집착해 온 산업주의와 자본주의 사회에 사로잡혀 있으면서, 어떤 대가를 치르더라도 끝없는 진보의 궤도에서 벗어날 방법을 찾으려 시도했지만 거듭 실패했다는 점에서, 이 회칙은 시의적절하다고 할 수 있다.

비판에 담긴 뜻은 미국의 공화당과 민주당 또는 영국의 노동당과 보수당처럼 특정한 경쟁 정당에 대한 단순한 비판이 아니라, 파괴적인 문화의 가치를 받아들이는 것이 민주주의의 가능성 그 자체를 훼손하고 있다는 포괄적인 비판이다. 따라서 그는 다음과 같이 주장한다.

이제 우리는 그러한 쾌락적 피상성이 우리에게 아무런 보탬이 되지 않는다는 것을 깨달아야 합니다. 사회 생활의 기초가 무너지면, 인간은 개인적 이익을 지키려고 서로 다투게 되고, 새로운 형태의 폭력과 잔인함이 발생하여, 환경보호를 위한 참다운 문화의 증진이 저해됩니다.LS 229

『찬미받으소서』의 신학적 전망

프란치스코 교종은 단순히 파멸에 대한 예언에 만족하지 않고, 생태론의 수호성인인 아시시의 프란치스코를 따라 대안에 대한 특정한 신학적 비전을 갖고 어떻게 행동할지를 구체적으로 제안한다. 프란치스코 교종은 대부분의 해방신학자들이 특정한 성장 모델을 전제로 거부한 "발전"이라는 용어를 사용하는데 개의치 않았다. 그렇지만, 이러한 전망은 해방에 관한 주제에서 비롯된 신학이다. 프란치스코 교종이 "발전"이라는 용어를 사용할 때, 그것은 진보에 관한 서구 모델을 흉내낸 표준 발전 모델과는 매우 다른, 해방주의자의 관점과 유사한 의미를 갖는 것이다.

【해방신학자인 프란치스코 교종】

프란치스코 교종의 견해는 공동체의 가장 가난한 구성원을 위한 그리스도교적 선택에서 비롯된 것으로, 그가 경제, 사회나 정치적 이슈를 다룰 때 사회과학적 인식이 다소 들어있다 할지라도 가난한 자를 돌보러 오신 그리스도의 모범으로부터 영감을 받은 것이다. 교종이 정치에 부적절하게 개입한다고 주장하는 언론의 묘사는 1891년 5월 레오 13세 교종에 의해 쓰여진 『새로운 사태』*Rerum Novarum*로부터 시작되어 백년 이상 내려오는 가톨릭 사회교리를 무시하는 것이다. 그 회칙에서 레오 13세는 급진적 사회주의와 절제되지 않는 자본주의 모두를 비판하였는데, 그것은 『찬미받으소서』의 주제와 공통된 것이다. 요점은 가톨릭 사회사상이 경제와 정치에 있어서 모두를 위한 선과 함께 개별자를 위한 선을 포함하는 공동선에 초점을 맞추어, 어떤 다른 사고방식을 심어주고자 한다는 것이다. 모든 인간이 지구의 건강함에 종속되어 있어서만 그런 것이 아닌 인간 사회에서 소외된 사람들 역시 이러한 충격의 위협에 직면하고 있다는 단순한 이유 때문에라도, 프란치스코 교종은 이제는 피조물에게 필요한 공동선의 기반을 분석할 필요가 있다고 진단한다.

프란치스코 교종은 예언자일 뿐 아니라 한 분의 사제이기도 하다. 그는 무분별한 소비주의와 모든 종류의 중독에 사로잡힌 이들을 포함한 모든 사람들을 깊이 돌보고자 한다. 그가 반대하는 것은 사람 자체가 아니라, 모든 피조물을 위한 번영으로 나아가는 것을 방해하는 일부 인간의 방식이다. 이것은 "여러 민족들의 다양한 문화적 풍요, 즉 그들의 예술과 시, 그들의 내적 삶과 영성을 존중"LS 63해야 한다는 것을 의미한다. 이러한 점에서 그는 다른 신앙 전통을 존중하는 것에 개방적이다. 이러한 관심을 갖는 바탕에는 인간의 상호관계의 수준을 깊게 함으로써 깨어진 현대 세계가 치유되어야 할 필요가 있다는 그의 생각이 있다.

> 오늘날 생태적 위기가 근대성의 윤리적, 문화적, 영적 위기의 발발이나 발현을 의미한다면, 모든 근본적인 인간 관계를 치유하지 않고는 우리가 자연, 환경과 맺은 관계를 감히 치유할 수 있다고 생각할 수 없습니다.LS 119

무엇보다도 그는 전체적으로 전통적인 가톨릭 가르침과 일관성을 갖는 신학적 전망을 밀고 나가면서, 모든 인간의 존엄성, 창조주 하느님 신앙, 만물을 새롭게 하시는 그리스도 안에서의 희망 그리고 우리 모두의 어머니일 뿐 아니라 지구의 어머니이기도 한 마리아에 대한 특별한 신심 같은 전통적 가톨릭 사상을 굳건하게 보강하였다. "하늘로 들려 올려지시어 모든 피조물의 모후가 되십니다. 영광스러운 몸이 되신 성모님께서는 부활하신 그리스도와 함께 계시며, 피조물이셨던 분으로서 그 완전한 아름다움에 이르게 되셨습니다."LS 241 그렇기 때문에, 마리아는 가톨릭 신앙을 가진 사람들에게 깊은 영감을 준다.[67] 그리고 지구 전체의 신화神化에 대한 희망은 실천적 행동을 불러일으킨다. 예수뿐 아니라 마리아 또한 "예수님의 죽음을 애통해 하신 것처럼 핍박받는 가난한 이들과 인간의 힘으로 황폐해진 이 세상의 피조물 때문에 지금도 슬퍼하고 계십니다."LS 241 그래서 그는 인간과 피조물은 모두 유한한 존재이지만, 언젠가는 모두를 포함하는 안식일 축제를 함께 할 것이라는 희망과 가족의 가치를 상기시키면서 회칙을 끝맺는다. 인간이 마음을 다해 갈망하는 희망인 영원한 생명은 죄와 죽음의 속박으로부터의 해방이며 변모이다.LS 243 이 세상의 삶에서 함께 해야 할 기쁨은, 소비하며 얻는 피상적 즐거움이 아니라 언젠가 모든 생명의 주님이신 영원한 하느님 면전에서 살게 될 것이라는 것을 아는 깊은 기쁨이다.LS 245

이 회칙에서 신학적 맥락의 실마리들을 빼내고 나면, 평

---

67 여성주의자들은 마리아를 이상적으로 묘사하는 것을 비판하지만, 최소한 세계에서 가장 가난한 여러 공동체에서 가톨릭 사상을 현실적으로 표현한다는 것에는 부분적으로 공감한다. 더 많은 논의는 Kim and Koster가 편집한 *Planetary Solidarity*를 참고할 것.

생의 기도와 명상에서 흘러나오는 생명력이 결여된 해진 카펫만 남게 된다. 그러므로 뒷부분에서 이 회칙 그 자체가 기도로서 인간이 본질적으로 얼마나 다른 인간 및 피조물 상호 연결되어 있는지를 보다 깊이 인식하면서 지구를 위한 기도를 바치고 있다. 성부, 성자, 성령의 삼위일체를 찬미하는 그의 기도는 의심할 여지없이 그의 주변 사람들이 작성한 것이 아닌, 그가 직접 작성한 기도일 것이다. 또한 그것은 모든 인간이 세상 안에서 사랑과 평화의 도구가 되어야 할 필요가 있다고 말하는 아시시의 프란치스코 성인의 기도를 연상시킨다. 다른 생태신학자들과 마찬가지로, 프란치스코 교종은 지구를 치유하기 위해 가장 먼저 상호 파편화된 관계를 치유함으로써 서로에게 세심한 관심을 기울이는 것이 필요하다고 말한다. 또한 이것은 총체적 불의에 직면하여 평화 구축의 필요성을 촉구하는 근거이기도 하다.

생태적 회심을 향하여

우리는 어떡해야 이기적인 태도에서 벗어나 평화적이며 생태적으로 안정된 사회를 만드는 것에 관심을 갖게 될 수 있을까? 이에 관하여 프란치스코 교종은 영적이고 도덕적인 회심을 요청한다. 그는 성 요한 바오로 2세 교종이 세계 총대주교 바르톨로메오 1세와 공동으로 자주 이야기했던 생태적 회심이라는 개념을 구축하였다. 프란치스코 교종은 회칙에서 총대주교에게 친근한 말을 전하기도 했다. 지난 세 분의 교종들 모두 각자 생태 문제에 관해 언급할 수 있는 자리에 가셨던 것은 정말로 주목할 만하며,[68] 그것은 이제 프란치스코 교종의 사목에 있어서 핵심적 플랫폼이 되었다.[69]

프란치스코 교종과 이전의 성 요한 바오로 2세 교종에게 있어서 창조의 보전은 단순한 여분의 선택사항이 아니라 그리스도교 신앙의 필수적 요소였다. 따라서 "모든 그리스도인 공동체는 생태 교육에서 중요한 역할을 맡고 있습니다."LS 214 이것은 어떤 자격을 부여받는 것이 아니므로, 일

---

[68] Dean-Drummond, "Joining the Dance."
[69] Dean-Drummond, "Catholic Social Teaching and Ecology."

부의 그리스도교 공동체를 지칭하는 것이 아니라 모든 그리스도 공동체와 관련된 것이다. 또한 생태 문제는 너무나 큰 문제여서 관심 있는 소수 전문가들에게만 맡겨지는 것도 아니다.

생태적 회심이라는 개념으로부터 출발하는 것은 프란치스코 교종이 통합적 생태론이라고 표현한 보다 건설적인 접근 방식을 의미하는 것으로서, 서로 다른 집단이 상호 대화를 통해 특정한 공동체를 만들어 가는 것이다. 인간생태론과 경제학 사이에서 생태정의에 관한 통찰로 통합하는 방법을 찾는 것은 그러한 대화의 한 사례가 될 것이다. 따라서 경제학은 생태적 해악을 인간 행동의 특정한 과정에 있어서 "외부적인 것"으로 다루기보다 처음부터 경제에도 영향을 주는 요인으로 다루어야 한다. 이것은 넓은 범위에서 실천신학이고 공공신학이다.

성 요한 바오로 2세는 생태론을 배경으로 인간에 강조를 둔 인간생태론을 이야기했었다. 때로는 거기서 벗어나 자연 세계의 아름다움과 그것이 우리로 하여금 어떻게 하느님을 보다 명확하게 보도록 영감을 주는지에 관해 감동적으로 말하곤 했다. 자주 있던 것은 아니지만 그는 자연 세계를 의인화하여 보곤했다. 다른 한편으로 베네딕토 16세 교종은 무상으로 주어진 은총으로서의 경제라는 개념을 발전시켰다. 그것은 현재의 시장 경제에 대한 대안으로서 의미를 갖고 있었지만 명확한 생태적 의미는 단지 암시되 었을 뿐이었다. 프란치스코 교종의 회칙에서는 이러한 불확실성이 사라졌다. 『찬미받으소서』는 인간이란 자연 세계 안에 포함되어 있는 일부라는 것을 명백하고 단호하게 선언하면서, 가톨릭 그리스도인에게 그의 전임자들처럼 가난한 자를 향한 우선적 선택과 함께 단지 인간 뿐 아니라 지구의 모든 피조물을 보호해야 한다는 것을 분명하게 요청하고 있다.

프란치스코 교종은 자연 세계를 손상시키는 인간 중심주의와 다양한 인간 위주의 형태들에 대해 반대의 목소리를 낼 준비가 되어 있다. 그것은 그의 전임자 두 명이 상대적으로 언급하기 주저했던 방식이다. 그렇더라도 이로 인해 가톨릭 사회교리가 급격하게 단절되는 것은 아니다. 그보다는 아시시의 프란치스코 성인의 생애와 행적을 따라서, 그가 하느님의 소명을 수행한다고 믿는 사목과 선교적 관점을 통해 시대의 징표를 구체적으로 읽은 것이다.

그것은 어떤 것일까? 이 회칙에서 새롭게 재구성된 형태로 보여준 '태양의 찬가'Canticle of the Sun의 주제는 매혹적이다. 예를 들어, 태양의 찬가는 찬양의 메시지로 시작하며, 그 찬양은 『찬미받으소서』 전체에 걸쳐 있다. 카이사리아의 바실리우스, 고백자 막시무스, 토마스 아퀴나스와 같은 신학자를 비롯하여, 그리스도교의 여명기로부터 고대의 신학 전통으로 거슬러 올라가 삼위일체 하느님에 관해 성찰하면서, 창조 세계와 관련해 특별히 모든 피조물에 대해 찬양을 바친다.[70]

우리는 현대의 진화생물학이 발견한 것을 인정하면서 동시에 창조 세계에 삼위일체의 모습이 각인되어 있다는 고차원의 생각을 여전히 되찾을 수 있을까? 프란치스코 교종은 "인간은 다른 열린 체계들의 진화로는 온전히 설명할 수 없는 고유함을 지니고"LS 81 있을지라도 피조물에 있어서 진화론적인 부분들을 받아들일 준비가 되어있기 때문에, 우리가 분명히 그런 생각을 할 수 있다고 믿는다. 그러한 생각이 의미하는 바는 무엇일까? 그는 인간이 하느님의 명령에 의해 단순하게 생겨났다고 말하지 않는다. 그러나 인간은 표준 진화 이론만으로는 단정 짓기 어렵게 진화해온 어떤 특별한 방식이 있다. 인간을 다른 동물들과 구별

---

70 그리스도교신학의 전통적 자원과 환경 사상과의 연관성에 관한 훌륭한 토론은 Schaeffer, *Theological Foundations for Environmental Ethics*, 을 참조할 것.

짓게 만드는 것이 무엇인지에 관해 진화인류학자들이 여전히 연구하고 있으며, 이러한 점에 있어서는 논쟁의 여지가 없다. 그렇지만 프란치스코 교종의 경우에 있어서는 인간 존재가 다른 피조물에 비해 지배적으로 우월하다는 태도는 사라졌다. 그렇지만, 그에게 있어서 인간의 구체적이고 독특한 창의력과 해석적이며 창조적인 능력은 우리가 논증을 생성하는 능력과 함께 단순히 "물리학과 생물학"으로 격하시킬 수는 없는 것이다.

산상설교에서는 온유한 자가 땅을 차지할 것이라고 하셨는데, 미래 세대가 기대하는 유산은 어떤 종류일까? '태양의 찬가'는 바람, 공기, 폭풍에 관해 이야기한다. 기후 변화의 문제는 이 회칙의 앞부분에 등장하고 있다. 이어서 성 프란치스코의 "겸손하고 귀하고 순수한" 자매인 물에 관한 이야기로 넘어가면서 물에 관한 부분이 뒤따른다. 물론 그 순서가 중요하지는 않지만, 요점은 '태양의 찬가'의 주제가 확실하게 그 영감의 원천이라는 것이다.

여러 날줄과 씨줄로 짜인 직물을 뒤집어 보듯이 이 회칙이 서로 짜인 실마리들을 살펴본다면 어떤 특별한 신학적 맥락을 발견할 수 있을까? 하나의 중심 맥락은 사랑이다. 결혼과 가족 안에서 발견되는 사랑에 뿌리내린 사랑, 그렇지만 이웃과 우리를 둘러싼 자연 세계를 포함하여 확장된 사랑이다. 그는 인간을 이야기할 때 그냥 남자men가 아니라 남자와 여자를 포함하여 포괄적이 되도록 주의를 기울였다. 지난 장에서 언급하였듯이 세계에서 가장 가난한 국가가 짊어지게 되는 문제가 여성에게 특별히 불평등하게 부가되고 있다는 것을 인정하기 위해서 교종이 조금 더 많은 주의를 기울였으면 한다.

프란치스코 교종은 창조 세계를 향한 사랑에 관해 이야기하면서 그것을 지나치게 이상화하고 있는 것은 아닐까? 그가 인간의 개입으로 인하여 자연 세계가 고통 받고 있는 것을 이야기하지만, 진화 과정 혹은 자연적 생태 역사 과정에서 겪는 고통에 대해서는 훨씬 적게 이야기하고 있다. 여기에는 이유가 있다고 생각한다. 과학자로서 그는 생태계 포식의 공포를 잘 알고 있다. 인간은 이에 대해 직접적 책임은 없지만, 인간과 문화 및 다른 피조물의 말살을 포함한 다양한 멸종의 속도가 가속화되는 것에는 인간에게도 책임이 있다.

또한 그는 생존을 위한 불가피한 죽음은 인정하지만, 우리가 편하게 살기 위해 다른 피조물을 죽음으로 몰아가서는 안 된다고 말한다. 그가 명문화하지는 않았지만, 이러한 관점은 현실적으로 동물을 도살할 때 그 도살이 인간 생명을 위하여 필수적인 것인지 아닌지의 여부를 따져보며 스스로 자제해야 할 필요가 있다는 의미를 함축하고 있다.

프란치스코 교종의 관점에서 보면, 현대 사회에서 낭비되는 음식물의 총량과 불필요한 육류 소비 수준을 고려할 때 우리가 먹고 소비하는 습관의 많은 부분이 생명 혹은 건강을 위해 필수적인 수준을 넘어섰다는 것은 확실하다. 그는 동물을 불필요하게 죽여서는 안 된다는 교리를 인용한다. 그렇지만 우리의 생활습관은 이러한 요청과 멀리 떨어져 있으며, 다양한 종류의 유전자 조작 또한 부적절하게 사용되고 있다. 그는 아마도 세계의 가난한 지역에서 유전자 변형 식품을 판매하려고 할 때 그들의 약한 지배 구조를 악용하는 것 등에 관해 더 많은 분석을 발전시킬 수도 있었을 것이다.

프란치스코 교종이 언급한 또 다른 중요한 신학적 맥락은 겸손이다. 그의 글을 통해서 뿐 아니라 과학과 생태론 및 환경보호에 관한 문헌들과 관련하여 회칙의 일반적인 내용을 벗어난 연구를 기꺼이 받아들이려는 의지에서도 나타난다. 자연과학에 관한 생각은 훨씬 덜 보편적이긴 하지만 경제와 정치는 가톨릭 사회교리에서 일반적 주제이다. 프란치스코 교종은 우리 모두가 가톨릭 전통을 따르되 성경이나 전통 뒤에 숨어 우리 스스로 만든 피난처를 강화하기보다 다른 이들의 통찰에 열려 있기를 원한다.

한편, 프란치스코 교종은 너무 늦기 전에 교회의 전통이 지금 행동함으로서 흔들리는 세상에 힘을 주는 빛과 소금이 되어야 할 필요가 있다고 확신한다. 믿음과 희망은 이 회칙을 관통하고 경청해야 할 맥락이다. 그는 "희망을 되찾는 데는 의로운 한 사람으로도 충분합니다!"LS 71라고 말한다. 그는 또한 인격과 행동으로서 가톨릭 공동체와 세계 전체를 위하여 이 모델을 어느 정도 모범으로 보여야 했다. 가톨릭교회는 환경 문제에 있어서 공공의 영역으로 들어갔다. 세상은 창조물과의 친교와 연대 하에 단순하게 살아감으로써 그 희망을 실천하는 사람에게서 오는 희망의 메시지에 목마르다.

조금 발견하기 어려운 또 다른 맥락은 영광glory이라고 부르는 것으로, 종종 미학적 용어로도 사용되는 '영광'이다. 종교적 신앙이 다른 사람들도 자연의 아름다움은 알아차린다. 그리스도교의 역설이긴 하지만, 때때로 아름다움은 우리에게 미학적으로 추하다고 여겨지는 것에서조차 나타난다. 복음의 메시지에서 고통은 고통 받는 이들에게 사랑과 자비로 나타나는 생산적인 고통도 될 수 있다. 프란치스코 교종은 다양한 자연의 종들 모두 하느님의 전체적 영광에 기여하고 있다고 확신한다. 그러므로 인간에 의해 발생되건 혹은 다른 도구에 의해 발생되건, 멸종에 의한 손실은 그 영광이 줄어드는 것이다. 시편 104장을 간단히 바꾸어 말하면 모든 피조물은 존재함 자체로써 하느님께 영광을 드린다는 것이다.

프란치스코 교종이 영원한 친교라고 부르는 것에서 영광을 엿볼 수 있을까? 아마 그 영광은 기쁨이라고 하는 또 다른 맥락을 통하여 볼 수 있을 것이다. 기쁨은 행복과 같은 것이 아니다. 우리는 이런저런 종류의 어떤 소유물을 얻게 됨으로써 순간적인 행복감을 느낄 수 있다. 그러나 소비주의의 지배란 단순한 욕구라기보다 말하자면 피할 수 없는, 무엇인가에 끌려가는 그런 종류의 행복이다. 현대 사회는 욕구와 필요를 혼동한다. 수많은 기술이 우리의 현대 세계를 구성하는 새로운 발명품과 의약품 및 다양한 수단을 통해 인간에게 커다란 유익함을 주었지만, 그것들은 어떤 상황에서는 부적절한 충동과 일종의 중독성의 근원이 될 수도 있다. 우리는 "기술은 모든 것을 철통같은 논리로 흡수하는 경향이 있으며" 그리고 "보다 인간적이며, 보다 사회적이고, 보다 통합적"으로 되기 위하여 이러한 패러다임에서 해방될 필요가 있다. 나아가 "집착적 소비주의는 기술-경제 패러다임이 개인들에게 어떻게 영향을 끼치는지를 보여주는 사례"이다.LS 203 그러므로 "많은 사회 문제들은 즉각적인 만족을 추구하는 자기중심적인 문화"와 관련된다.LS 162 이 모든 것은 가족과 사회적 관계를 잠재적으로 붕괴로 이끈다.

프란치스코 교종이 제안하고 있는 방식에 따라 변화하는 것은 정말 어려운 일이다. 오늘날 젊은 사람들이 기술의 발전 속도를 따라 잡아야 하는 압력은 거대하다. 어떤 과학자들은 문자 메시지를 사용하는 것이 우리의 두뇌를 재연결하고 있다고 말한다. 우리가 적는 말 그 자체가 우리가 하는 일이 된다. 자연 세계에 깊이 감사하는 태도로 돌아가는 것은 힘든 여정일 것이다. 그리고 이 문제를 해결하기 위해서는 소비를 위한 소비나 구매를 의도적으로 억제하면서 어떤 특정한 선택을 계속해 나가야만 한다. 진정한 기쁨이란 우리에게 가해지는 소비 요구의 압력에서 해방되고, "우리의 집"을 공유하고 있는 피조물과 서로 안에서 하느님의 존재를 경험하는 자유로부터 온다.

이러한 사랑, 겸손, 믿음, 희망, 영광, 기쁨의 맥락과 함께, 찬미하는 영성 안에서, 우리는 프란치스코 교종이 회칙에서 강조한 또 다른 무언가, 즉 평화를 발견하기 시작한다. 대화를 통한 평화는 회칙의 끝 부분에 나오는 성경의 용어, 즉 샬롬Shalom의 가능성이 있는 안식일에서도 주어진다. 구약 성경에서 안식일은 단순히 탈진한 상태의 회복이 아니라 풍성함과 충만함이 깃든 생명을 기념하는 것이다. 안식일의 휴식은 우리에게 거룩한 시간, 즉 하느님 및 타인과 함께 하는 시간을 제공한다. 현대인들은 왜 하루의 휴식이라는 개념을 포기했을까? 혹은 일에서의 휴식조차 포기했을까? 매일 매일 뉴스 매체를 통해 우리에게 전해지는 폭력의 소식을 들을 때, 우리의 가슴 한가운데에서 무엇인가 결여된 것을 느낀다. 바로 감사의 정신과 찬미의 정신이다. 이것은 회칙이 우리에게 남긴 유산이며, 인간과 지구를 위협하는 복합적 환경 문제를 다루기 위한 충분한 에너지를 회복하려면 없어서는 안 되는 것이다. 프란치스코 교종은 진정으로 인류세의 아이콘이다. 그의 겸손한 모습은 우리 인간을 따라 이름 지어진 시대에 절실히 필요하다.

가슴으로부터 외치는 마지막 말로서, 이 회칙의 제일 마지막 구절을 인용하며 이 장을 끝맺음하는 것이 좋을 것 같다. "주님, 주님의 힘과 빛으로 저희를 붙잡아 주시어, 저희가 모든 생명을 보호하며, 더 나은 미래를 마련하여, 정의와 평화와 사랑과 아름다움의 하느님 나라가 오게 하소서.
찬미받으소서! 아멘."

✓ 돌아보기

1. 통합 생태론이란 무엇을 의미하는가? 우리의 이웃에게 이것을 실
   천할 수 있겠는가? (7장을 참조)

2. 『찬미받으소서』에서 프란치스코 교종이 보여주는 지혜에는 어떤
   것이 있는가?

3. 생태론에 관한 회칙을 작성하라는 과제가 주어진다면, 그 과제에
   어떻게 접근할 것이며 어떤 구체적인 신학적 요소를 포함시킬 수
   있겠는가?

깊은 육화 : 생태적 관점의 그리스도

이 장에서는 닐스 그레게르센Niels Gregerson과 엘리자베스 존
슨 같은 주요 신학자들이 제시한 생태적 관심과 깊은 육화라는
개념을 통해 그리스도를 이해하는 방법을 논할 것이다.

교회는 여타 사회 조직들과 마찬가지로 주변부에 있는
대다수에 둘러쌓인 헌신적인 핵심 집단이 있다. 크리스마
스와 부활 축제는 이러한 현실을 상기시킨다. 즉, 교회는
갑자기 새로운 사람들로 넘쳐나다가 일부는 계속 남기도
하겠지만 대부분은 그렇지 않다. 한때 반짝이던 장식을 걷
어 내고 나면 크리스마스가 실제로 의미하는 것이 무엇일
까를 생각하게 된다. 그리스도가 오신다는 것은 하느님이
누구인지를 말하는 것뿐 아니라 생태적으로 민감한 시대
에 그 믿음이 어떤 중요한 의미를 가질 수 있을 것인가? 이

장은 이미 헌신적인 그리스도 신자이지만 그들의 신앙이 생태론과 어떻게 연결되는지에 관해 더 알려고 하는 독자를 위한 것이다. 창조주 하느님에 관한 신앙이 그 창조된 세계를 긍정할 것은 매우 명백하다. 즉, 하느님이 세상을 창조하셨다면 우리는 하느님을 믿는 이들로서 하느님이 그것을 사랑하시는 것처럼 그 피조물 또한 사랑하여야 한다. 피조물은 선물이다. 그러나 우리가 알고 있는 자연 세계는 고통받고 있으며 완전함과는 거리가 있다. 그리스도인의 신앙에 의해 제시되는 세계에 희망은 존재하는가?

프란치스코 교종의 회칙은 그리스도론에 비교적 주목하지 않는다. 왜 그럴까? 나는 그가 가톨릭교회의 가르침에 중립적이거나 혹은 반감을 가지고 있는 사람들이 보다 더 쉽게 접근할 수 있게 직접적인 그리스도교 용어나 그리스도론적 메시지를 앞세우지 않았으리라 짐작한다. 특히 세속적 서구 세계에 있어서 교회의 가르침은 대안적 영성에 개방적이었다. 또한 그는 회칙이 구체적인 실천에 집중하는 다른 가톨릭 사회교리와 일치되기를 원했다. 그의 전략은 관점의 차이를 드러내는 것이라기보다 선택을 숙고하도록 하는 것이었다. 나아가, 그는 결론 단락에서 우주적 전례와 성체성사를 다룬다. 그것은 그가 최소한 그리스도가 누구인지에 관한 보다 광범위한 해석과 초기 교회의 전통에 열려있음을 의미한다.

하느님이 수태되고 예수로 탄생하여 인간이 되셨음에도 여전히 예수 그리스도는 하느님이시라는 개념인 육화는 그리스도인의 "내부"에 있는 사람들에게 가장 상식적인 것이다. 충분히 주의를 기울이는 한 이 신앙은 여전히 다른 종교 전통들과의 대화에 있어서도 도움이 될 수 있다고 믿는다. 나는 과학과 종교에 관한 국제 무슬림 - 그리스도인의 대화에서 무슬림 학자가 그의 이슬람 신앙과는 다른 그리스도교의 측면에 깊이 관심을 갖는 것에 놀랐던 것을 항상 기억하고 있다. 종교간 토론을 위해 어떤 주제를 선택하는 것이 더 좋은지에 대한 엄격한 규칙은 없다. 그렇더라도 분명한 것은 그리스도교라고 한다면 신학이 육화를 경시할 수는 없다.

이 장에서는 육화뿐 아니라 깊은 육화deep incarnation에 대해서도 다룰 것이다. 이 용어는 그리스도가 누구인지에 관한 진화론적 중요성을 논하기 위하여 철학적 신학자인 닐스 그레게르센이 만든 용어이다.[71] 그리스도 교회의 역사는 인간의 삶에 있어서 그리스도의 중요성을 인식하는 토대 위

---

[71] 보다 상세한 학술적 논의는 Deane-Drummond의 The Wisdom of Fools?와 Who on Earth is Jesus Christ?을 참조할 것.

에 세워졌다. 그리스도는 구원자이시고, 인간을 죄에서 구하시며, 하느님과 단절된 관계를 회복시키시는 분이시다. 반면에 창조주로서 하느님에 관한 고전적 믿음은 하느님이 무로부터 창조하심으로써 모든 존재하는 것들의 궁극적 원천이시며 하느님과 피조물 사이에는 절대적 구별이 있음을 우선적으로 전제한다. 그 다음에 창조된 세계란 존재하는 모든 것들 안에 내재하시는 하느님의 지속적 현존을 통하여 존재로 유지된다는 것이 전통적 신앙이다.

그러면 하느님이 역사적 인물인 예수 그리스도를 통하여 인간 "본성"을 갖고 물리적 물질이 되시며 살을 입으셨을 때 어떤 일이 일어난 것인가? 생태신학자들은 그리스도가 오셨다는 것은 하느님과 상호 간의 관계가 깨진 죄 많은 인간성을 회복하는데 중요할 뿐만 아니라 자연 세계와 인간의 깨지고 죄 많은 관계를 회복하는 데에도 중요하다는 개념을 되찾기를 원한다. 더군다나, 인류가 나타나기 전부터조차 자연 질서 안에는 극심한 고통죽음은 아니더라도이 존재해 왔다. 분명 그 고통은 인간 활동의 직접적 결과는 아니다. 하느님과 관계가 부서지는 관점에서 이해하는 "죄"가 만약 다른 모든 피조물에도 존재한다면, 그것은 의도적인 선택을 할 능력이 있는 인간의 죄와 같지는 않다는 점에서 그 양상은 다르다. 인간의 타락 이야기가 증언하는 것처럼 인류는 교만과 오만함으로 하느님으로부터 돌아서서 가장 먼저 고의로 죄를 지은 가장 큰 죄인이다. 그러나 일반적으로 고전적 전통에서 그런 가정을 하지 않지만, "천국"이 모든 피조물을 위한 것이라고 합리적으로 믿는다면, 그때 모든 피조물 또한 고통으로부터 치유되어야 할 필요가 있다. 그렇기 때문에 엄밀한 의미에서의 구원론죄로부터 풀려남이 인간에게만 적용되는 것일지라도, 구속은 모든 피조물에게 중요하다. 이 같은 넓은 의미의 구속 운동을 지지하려면 어떤 주장을 할 수 있을까? 한 가지 주장은 육화에 관한 해석에서 비롯되는 것으로서 실제로는 대단히 오래된 초기 교회의 특징이기도 하다.

육화에 관한 두 가지 의미는 명확히 할 가치가 있다. "직접적 의미"의 육화란 하느님이 한 인간으로서 예수 그리스도의 물질적 몸sarx을 통해 육화하셨다는 것이다. "넓은 의미"의 육화는 그리스도 또한 온 우주의 지구의 생물학적 조건과 사회적 조건을 공유한다는 의미로 다른 존재들을 포괄한다. 어떤 의미에서, 모든 인류는 인간이 대우주 속의 소우주라는 고대 관념을 통해서도 이것을 공유한다.

"넓은 의미"의 육화를 통해 대우주 안의 소우주로서 그리스도의 의미는 특별한 모습을 갖는다. 깊은 육화를 주장하는 생태신학자들은 온 우주에 대해 그리스도는 누구인지에 관한 보다 넓은 의미를 독자들에게 상기시킴으로써, 직접적 의미의 육화를 넘어서는 그 이상의 육화 개념을 제시한다.

【깊은 육화란 무엇인가】

닐스 그레게르센은 깊은 육화라는 용어를 가장 처음 사용한 사람 중 한 명이었으며, 그는 그것을 진화론적 개념을 갖고 그리스도를 이해하는 특정한 경우에 적용하였다. 또한 그는 기후 변화를 포함한 생태적으로 중요한 현실 상황과 관련하여 이 용어의 중요성을 알고 있었다. 그에 따르면, 그리스도는 "가변적 물질성의 전체 매트릭스" 안으로 들어갔다. 그레게르센은 고대 그리스의 "육체"flesh 혹은 "몸"sarx의 의미를 현대에서 사용하는 취약한 신체 자체를 지칭하는 것이 아니라 우주적 실재를 포함하는 보다 넓은 범위를 지칭하는 것으로 구체화하면서, "육체"를 우주의 한 처음부터 현재에 이르기까지의 자연 세계를 포함하는 것으로 만듦으로써 그 단어의 중요성을 강조하였다. 깊은 육화에 관한 그레게르센의 정의는 다음과 같다.

하느님이 나자렛의 유대인 예수의 구체적인 인생 스토리를 취함으로써, 창조된 존재모든 육신들의 물질적 조건과 결합하여 모든 생물학적 생명의 형태풀과 백합의 운명을 공유하

고 귀하게 하며, 감각을 가진 피조물참새와 여우의 고통을 경
험하는 포괄적인 방식을 통해 하느님 자신의 로고스지혜와
말씀가 그리스도 예수를 통해 "육체"로 만들어졌다.

_ Gregersen, "The Cross of Christ"; Gregersen, "Christology";
Gregersen, *Incarnation*.

깊은 육화에 관한 내용들을 다루는 생태신학자들은 성
경의 구체적 근거로서 요한복음의 무대가 되는 복음 서문
에 깊이 의존한다. 성서학자들 사이에서 이 서문의 의미에
관하여 많은 논쟁이 있는 것과 마찬가지로, 생태신학자들
간에는 구체적인 성경해석에 전제된 깊은 육화의 의미에
관한 논쟁이 있다. 한 가지 예로, 그레게르센은 코펜하겐
신약학파에서 강조한 그리스 스토아주의적 배경에 강조점
을 두었다. 이 학파에 따르면, 말씀으로 번역되는 로고스
logos는 그리스 단어인 "한 처음에"en archē와 연관되어 우
주의 근거와 연속성에 관한 원리를 모두 반영한다. 이것은
곧장 로고스에 우주적 관점을 가져온다.

테르툴리아누스와 같은 초기 그리스도교신학자들 또한
로고스의 의미를 해석하는 데에 있어서 그리스 철학에 의
존했다.[72] 그레게르센이 로고스를 창조 질서 전반에 걸쳐

---

[72] 우주론의 배경에 관한 흥미로운 글은 Walls의 "Cosmos"를 참고할 것.

울려 퍼지는 하느님의 정보로 해석한 것은 스토아주의적 해석에 강력한 영향을 받은 것으로, 로고스는 세상 이전부터 존재했다는 그리스도교의 신조가 스토아주의에서 분리되어 나온 것임을 알고 있었다.

요한복음 구절에서 육신과 관련한 히브리 본문으로서, "로고스가 육신이 되었다."는 인간 공동체를 넘어 확장되기도 한다. 모든 육적인 것을 의미하는 *kol-bashar*에 관한 히브리인의 개념은 인간을 의미하기도 하고,시편 65,3: 145,21 혹은 태양 아래 있는 모든 살아있는 피조물을 의미하기도 한다.창세 6,17: 9,16-17: 욥 34,14 따라서 "한 처음에"와 "모든 육적인 것"에 대한 관념은 인간공동체를 넘어 로고스의 도래에 대한 훨씬 더 넓고 창조적인 우주적 의미를 가리키는 것이다.

이 지점에서 의문을 가져 볼 필요가 있다. 이러한 움직임이 어떻게 생태적 책임을 북돋을 수 있겠는가? 그리스도의 중요성이 보다 폭넓게 이해된다면 어떤 차이를 만들 수 있는가? 그리스도가 진화적이고 생태적 측면을 포함하여 고통 받는 지구 전체와 동일시된다면, 그때는 하느님이 고통 안에서 연대하고 있다는 인식으로 전환된다. 그러나 우주적 요소가 역사적으로 살아있던 예수 그리스도의 삶을 빼앗는 것은 아닌가? 그리고 특히 물질 이전의 로고스라는 관념과 함께 추상적 사색의 경향으로 기우는 것은 아닌가? 생태신학의 과제는 그리스도를 온 우주와 관련하여 이해하는 것이지만, 그렇다고 해서 현실에 존재하였던 물질적 실재라는 감각을 잃어서는 안 된다. 중요한 점은 만약 그리스도가 어떤 방식으로든 지구와 동일시된다면, 창조주 하느님에 관한 신앙과는 별도로 그리스도인은 지구를 보호하기 위한 추가적인 이유를 갖게 된다. 일부 여성주의 학자들은 범신론에 강조를 두는 대안을 따르기도 한다.

로마 가톨릭의 여성주의신학자인 엘리자베스 존슨은 깊은 육화에 관한 그녀 나름의 해석을 통해 헬레니즘의 그리스도론과 범신론에 관한 대안을 제시했다.[73] 그러나 존슨은 구체적인 생태적 관계와 생태윤리를 위한 시사점에 관해 우선순위를 정하는데 관심이 더 많았다. 그녀는 육화의 일시적이고 유한한 본성을 강조하기 위해 육신이 되신 말씀을 강조한다. 다른 많은 생태신학의 저술가와 마찬가지로 존슨은 특히 토마스 베리의 저작에 의해 알려진 생명의 진화적 기원과 그에 따른 상호연결성에 매혹되었다. 즉, 인간을 비롯한 모든 생명의 형태는 말 그대로 별똥별이다. 그

---

73 Johnson, "Jesus and Cosmos"

녀에게 있어서 깊은 육화의 개념이 특히 생태론에 적합하게 된 것은 연속성과 연결성에 관한 감각이 풍부하기 때문이다. 그래서 그녀는 그리스도가 되신 육신 또한 우주와 공유하는 물질이라고 주장한다. 그렇지만 존슨은 우주적으로 해석하는 데에 있어서의 문제도 인정한다. 즉, 최근 200년간의 그리스도론 학문은 예수의 생애와 사목의 역사적 측면을 가장 강조해 왔기 때문이다.

그 문제가 이제 제기되고 있다. 그리스도의 중요성에 관하여 더 넓게 해석하는 방식을 받아들이면서도 성경해석의 주류와 일치를 유지할 수 있을까? 존슨은 예수가 인간과 자연 세계에 대한 주목을 의미하는 "깊은 사목"를 갖고 있다는 개념을 통해 해법을 제시한다. 더 나아가 그것은 모든 창조된 우주에 대한 연민을 뒷받침하는 예수의 사랑하는 사목이다. 그러고 나서 존슨은 모든 피조물의 고통과 죽음을 포함하여 폭력적인 고통과 연대하는 예수의 수난에 관한 성찰에 이어 "깊은 십자가"의 개념을 자세히 설명한다. "깊은 부활"로서 그리스도 부활의 의미 또한 인간을 넘어 모든 생명을 포함하는 것으로 확장한다.

존슨은 깊은 육화에 관한 스토아주의의 개념을 깊은 직무, 깊은 십자가에 못 박힘, 깊은 부활을 통해 수정했다. 그러나 요한복음의 텍스트를 다르게 해석하는 방식이 있지 않을까?

말씀이 육신이 되었다

성서해석학자들은 때때로 요한복음의 서문의 배경에 특정한 세계관Weltanschauung 혹은 이데올로기적, 형이상학적 프레임을 나타내는 고대 우주론이 있다고 주장해 왔다.[74] 헬레니즘과 스토아학파의 영향은 역사 비평에 있어서 논쟁의 여지가 없다.[75] 고대 세계에서 우주론은 단순히 세계에 관한 지리적 혹은 물리적인 특징에 관한 이해를 의미하는 것이 아니라, 그 세계의 중요성과 그 안에서 인간의 위치에 관한 보다 깊은 성찰을 드러내는 것이었다.[76] 그레게 르센과 존슨 모두 "말씀"The Word보다 "말씀이 육신이 되셨다."The Word made sarx는 구절의 "육신"sarx에 집중했다. 서문의 로고스는 한 처음에, 창조, 빛, 어둠 등과 같은 창세기 1장의 특징인 우주론적 주제와 연관되어 있다. 그러나 그것은 또한 고대 이스라엘의 역사적 기술과 연관되어 있는데,

---

74 Painter, "Theology, Eschatology."
75 Anderson, *The Riddles*.
76 Brague, *The Wisdom of the World*, 4-25.

바로 성막, 영광, 영원한 사랑과 같이 역사 안에서 하느님의 행동을 특별히 강조한 히브리인의 특징이다.[77] 이러한 방식으로 요한복음의 서문에서 그리스도의 오심은 이스라엘 역사와의 연관성을 명확하게 드러내고 있지만, 이제는 우주론적 설정에 놓이게 된다.

【말씀과 행동】

복음에서는 전반적으로 인간과 자연 세계에 있어서 우연성을 강조하는 유대 문화의 영향이 보편주의를 강조하는 헬레니즘과 어느 정도 긴장관계로 존재하면서, 그 모든 요소들이 요한복음의 서문에 짜여 있다. 따라서 유대 전통에서의 말씀이란 행위와도 연관되어 있기 때문에, 말씀은 항상 단순한 추상적 개념 이상의 의미를 갖는다.호세 1,1 혹은 요엘 1,1처럼 히브리 사상에서 "주님의 말씀"dābār YHWH; logos kyriou은 말과 행동의 이중적 측면을 전달하는 역동적 에너지를 갖고 있다. 다른 곳에서 주님의 말씀은 생명신명 32, 46-47과 치유시편 107,20; 지혜 16,12 및 빛시편 119,105;130 뿐만 아니라 창조창세 1,1; 시편 33,6; 지혜 1,14와 연관되어 있다. 그런 의미에서 요한이 서문에서 사용한 로고스라는 용어는, 훨씬 추상적이고 철학적으로 사용하는 그리스어의 로고스보다 히브리어의 *dābār*에 가까울 것이다. 또한 이것은 말씀이 한 처음으로부터 생명과 연관되어 있다는 것을

---

77 Rushton, "The Cosmology of John 1,1-14."

의미하는 구체적 표현이다. 즉, 말씀이 "지상에서 이루어졌다."는 인식이다. 생태계의 안정을 강조했던 100년 전의 초기 생태철학과 비교했을 때 현대의 생태철학은 오히려 우연적 요소를 더 강조하는 경향이 있다. 그것은 *dābār*에 암시된 보편성이 아니라 구체성일 것이다.

엘리자베스 존슨도 인정하였듯이, 요한복음에서 "로고스"는 어떤 측면으로 소피아Sophia 혹은 호크마히브리어 *hokmah*를 의미한다.[78] 히브리 지혜문학의 이러한 배경은 복음이 쓰였을 때 로고스가 의미하는 바를 정확하게 이해하도록 도움을 주는 데 매우 중요하다. 만약 로고스가 실제로 호크마를 의미하는 기호였다면, 그때 로고스의 의미는 변경된다. 즉 로고스는 호크마와 마찬가지로 이해되어야만 한다. 지혜는 그것이 보편적 방식과 특수한 방식이 결합되는 것에 관하여 다른 관점을 가져다주기 때문에 중요하다. 로고스는 하느님의 의지라고 이해되는 세계에 관한 이성 혹은 정보를 반영하는 반면,[79] 구약 성경에서의 지혜는 근본적으로 인간과 자연 세계 그리고 하느님과의 올바른 관계이다.[80] 지혜와 예수 둘 다 하느님에 의해 세상으로 보내졌고 "우리 가운데 내 천막을 칠 자리를 마련해 주셨다."집회 24,8

---

[78] 때때로 학생들이 그리스어 Sophia와 Logos 간의 차이를 혼동하는 것을 보아왔기 때문에 히브리어인 *hokmah*를 사용한다.

[79] 고백자 막시무스는 하느님의 로고스를 반영하는 것으로서 창조 질서를 표현하는 로고이logoi라는 개념을 발전시켰다. 이는 하느님의 지혜와 피조물의 지혜의 차이를 반영한다. 즉, 둘 모두 보편적인 것과 특수한 것을 통합하지만, 로고스가 의미하는 것은 마음 혹은 이성과 관련 있는 반면 지혜가 내포하는 의미는 보다 관계적이다. 막시무스의 생태론적 중요성에 관한 논의는 Bergmann, *Creation Set Free*를 참조할 것

[80] Deane-Drummond, *Creation through Wisdom*; Habel, "Where Can Wisdom Be Found?"

요한복음 1,14은 예수를 우리 가운데 사셨던 분으로 해석하고, 소피아는 인간 가족을 기쁨으로 삼았고,잠언 8,31 창조된 세상 가운데에서 안식처를 찾고 있었다.집회 24,7 우리는 서문에서 몇 단락으로 압축된 수난 이야기를 발견할 수 있으며, 그것은 복음 전체에 뒤따를 내용을 예견한다. 지혜는 분열의 원인이 되어 예수처럼요한 1,11 버림받는 경험을 한다.잠언 1,20-33 단지 몇몇의 작은 공동체만이 지혜를 받아들일 것이고, 예수도 마찬가지로 공동체를 이끌며 그의 제자들과 친밀한 관계를 나눈다. 그러나 육화의 유일성에 관한 이해와 관련해서 진정으로 결정적인 차이가 중요하다. 히브리의 지혜가 "땅위에 나타나 사람들과 어울리게 되었다."바룩 3,37-38고 한 반면, 예수는 실제로 "육신이 되셨다." 그러므로, 이러한 본문이 어떤 의미에서 예수는 말씀인 로고스와 히브리의 지혜인 호크마 둘 모두의 육화를 암시한다고 제안하는 것이 신학적으로 무책임한 것은 아니다. 이레네우스는 말씀과 지혜를 하느님의 두 손과 같은 존재로 이해했다.[81] 둘 모두 하느님이 세상을 어떻게 창조하였는지를 생각하는 데에 중요하므로, 육화를 통해 세상과 온전하게 일치하게 되는 하느님의 의미를 고려한다면 둘 다 중요하다. 이 본문을 해석하는 데에 있어서 어려운 한 가지는 히브리어의 의미가 잊혀진 것이다.

---

[81] Minns, Irenaeus, 51. 하느님의 두 손이라는 그의 생각은 아마 테오필루스Theophilus에게서 왔을 것이다. 이 해석에서 지혜는 여성적 신, 성령 그리고 그리스도와 로고스로 연결된다. 성령에 관해 여성성으로 제한하는 한 이러한 삼위일체 해석은 문제가 있으며, 그러므로 이후의 역사에서 지혜가 소외되는 경우를 만들기도 한 것으로 보인다. Deane-Drummond, *Creation through Wisdom*, 113-52를 참조할 것.

깊은 육화, 죽음 그리고 하느님의 드라마

내가 그리스도론에 접근하는 방법의 하나는, 한스 우르스 폰 발타살Hans Urs von Balthasar의 작품을 바탕으로 하느님 드라마의 신학적 개념과 연결하여, 지혜인 호크마를 강조하면서 행동을 강조한 요한복음의 해석에서 힌트를 가져오는 것이다.[82] 폰 발타살의 그리스도론은 실존적이며 경험적으로 지향되어 있으며, 그의 사상에는 초기 교회 교부인 고백자 막시무스로부터 유래된 우주적 요소가 있다. 그러므로 폰 발타살이 연결한 것은 아니지만 그리스도, 생태 그리고 인간의 관계는 생태론의 근거로서 중요한 의미가 있다. 생태론적 해석이 주어졌을 때 드라마는 폰 발타살과 비교하여 생태와 진화에 관한 과학적 지식에 더 깊이 근거한다. 에블린 허친슨Evelyn Hutchinson[83]같은 많은 과학자는 자연의 창조 질서가 진화적으로 전개되는 것을 설명하는 방법으로 드라마를 사용했다. 육화는 그리스도의 육신이 연약하고, 고통스럽고, 피할 수 없는 죽음의 역사에 깊

---

82 나는 광범위한 하느님 드라마적 해석에 대한 이 개념을 여러 곳에서 발전시켜 왔다. 가장 주목할만한 것은 Deane-Drummond, *Christ and Evolution*을 참조할 것.

83 Hutchinson, *The Ecological Theater*.

숙이 체화되어 있다는 의미에서 깊다deep. 그러나 존슨이 애써 지적해 왔듯이, 육화는 보편적이고 심오한 의미가 있는 동시에 하나의 특별하고 유일한 역사로서도 중요하다. 그때 떠오르는 질문은 다음과 같다. 특정한 역사가 얼마나 그리고 어떤 의미로 다른 인간의 더 넓은 역사와 그것을 넘어서 생태적 관계 안에서 모든 피조물의 보편적 진화의 역사와 관련될 수 있을 것인가?

한스 우르스 폰 발타살은 하느님 드라마란 인간 경험의 외부로부터 발생하는 단순한 이야기가 아니라, 인간의 행동이 일어나는 곳에서 신비적 경험으로 체화되는 것이라고 생각했다. 특별히 로욜라의 이냐시오의 통찰을 들여다보았을 때, 그는 하느님이 모든 것 가운데 존재한다고 주장함과 동시에 그리스도의 전형 혹은 도전이란 인간의 성취를 상대화하여 믿는 이로 하여금 하느님의 부르심에 더욱 순종하도록 박차를 가하는 것이라고 주장하였다. 깊은 육화의 중요성을 이해하고 그 의미를 알아차리기 위한 전제조건은 인간이 자연 세계 앞에서 경이로움을 느낄 수 있는 능력을 갖는 것이다.

한스 우르스 폰 발타살은 그가 역사 안에서 활동하신 하느님의 드라마적 활동의 결정적인 측면으로서 그리스도의 죽음에 초점을 맞추었다는 점에서 특별히 중요하다. 드라마는 우연한 사건 안에서 하느님의 구체적인 행동을 보여준다. 드라마는 서사적인 요소를 포함하지만 구체적이고 우연적인 요소에 집중하는 것이 중요하다는 점에서 웅장한 서사와는 다르다. 내러티브는 웅장한 서사로 변형되는 만큼 필연성과 운명론적인 인식을 담고 있다.[84] 드라마 범주는 모든 서사적 요소를 제거하지는 않지만, 우리가 인간으로서 참여하고 있는 이야기에 "외부에 설 수 있다."는 잘못된 객관성을 경계하게 한다. 또한 드라마는 사건을 보다 신비적이고 실존적으로 해석하는 방식으로서 "서정적"이라고 부를 수 있는 위에서 언급한 보다 관상적인 요소를 포함한다. 하느님의 드라마는 서사와 서정 사이의 어딘가에 위치하여 둘이 결합된 위험을 피하려 한다. 그러므로 철학자가 존재론적으로 말하려는 것과 그리스도론에 관한 역사적 접근 사이에서 그것을 중재하는 것이 중요하다.

---

[84] Deane-Drummond, "Beyond Humanity's End."

【십자가의 의미】

드라마에 있어서 폰 발타살에게 결정적으로 중요한 것은 십자가이다. 그래서 "하느님의 전 세계 드라마는 이 장면에 달려 있다. 이것은 세계와 하느님이 종국적으로 투입되는 하느님 드라마이다. 즉 여기에서 절대적 자유는 피조물의 자유로 들어가서, 피조물의 자유와 상호작용하고, 피조물의 자유로서 행동한다."TD4, 318 그는 이 드라마를 삼위일체가 세계에 실현되는 것이라기보다 그것의 계시로 이해한다. 그래서 이러한 행동은 절대적 자기 포기self surrender를 표현하는 내재적 삼위일체의 거울이다. 다시 말하면, 폰 발타살에게 있어서 "그것은 하느님과 세계 사이에서 가능한 모든 드라마를 포함하여 능가하는, 성자의 세대에서 성부의 가슴을 비우는 드라마이다."TD4, 327 이렇게 말함으로써, 그는 삼위일체의 관계를 설명하는 방법에 있어서 십자가가 필연적인 것으로 될 때 발생할 수 있는 곤란을 피하려는 듯하다. 그러므로 폰 발타살이 주장한 그것은 십자가 자체라기보다 자기 비움의 사랑으로, 내재적 삼위일체의 핵심이며 육화의 핵심이다. 그러므로 깊은 육화를 이해하는 방법은 인간 존재의 필멸성과 연약함이 되는 육화가 아니라 하느님이 어떤 분이신지, 즉 깊이 사랑하시며 자기 양여self giving와 "비우는" 하느님으로 계시하는 방식으로 이해하는 것이기도 하다.

_ Von Balthasar, *Theo-drama*, 318.

하느님 사랑을 가장 으뜸으로 하는 폰 발타살의 개념은 그리스도론과 육화 모두를 해석하는 데 있어서 존재론적 실마리를 준다는 점에서 중요하다. 창조의 시작부터 육화와 완성에 이르기까지, 삼위일체의 움직임은 세계 안에서 펼치는 하느님의 사랑과 은총의 드라마적 움직임이다. 그때 창조는 펼쳐지는 인류 역사의 배경같은 것이 아니라, 종국적으로는 말씀혹은 지혜이 육신이 되신 육화를 통하여 표현하는 전체 드라마 안에서의 첫 번째 행위이다. 말씀 혹은 지혜가 살이 된 육화의 핵심에 충실하게 머물기 위해서는 죽음과 필멸성의 현실 뿐 아니라 피조물 간의 상호의존성에 관하여 더 깊이 생각해 볼 필요가 있다.

환경윤리학자인 홈즈 롤스톤 3세Holmes Rolston III는 자연세계의 고통을 그리스도의 고통과 연결하기 위해 "십자가형"cruciform의 자연이라는 용어를 사용했다.[85] 이 용어는 멕페이그와 존슨 같은 사람의 "그리스도적"Christic 전망과 그레게르센에 의해 전개된 넓은 의미의 깊은 육화에 관한 용어로 적절한 듯 보였다. 그러나 하느님 드라마와 "십자가형"의 자연이라는 용어 중 어느 것이 더 좋을까? 나는 다음과 같은 이유로 하느님 드라마를 더 선호한다.

---

85 Holmes Rolsron III은 이 개념을 여러 경우에 적용하였다. 초기의 사례로 Rolston, Genes, *Genesis and God*, 306ff 참조.
역주 - cruciformity는 cruciform(십자가 모상)과 conformity(본받음, 닮아감)을 합친 용어로 십자가를 본받는 자기희생적인 삶의 의미를 갖는다.

1. 하느님 드라마는 십자가 사건을 넘어 부활에 이르기 까지를 "십자가형"이 설명하지 못하는 방식으로 바라본다.

2. "십자가형"은 고통과 죽음을 모든 진화와 생태 과정에 필수적인 부분으로 바라본다. 내가 십자가를 해석하는 방법은 고통의 필요성이라기보다 고통의 불가피성을 의미하는 것이다. 필요성으로부터 불가피성으로의 이러한 전환은, 진화 과정을 비도덕적인 것으로 간주하거나 혹은 오늘날의 진화론적 해석에 맞서지 않음으로써 하느님을 곤경에서 모면하도록 하는 것은 아니다. 그보다 최소한 이론적으로라도 십자가란 창조된 세계가 고통에 짓눌리지 않는 방식으로 새롭게 창조될 수 있는 가능성을 여는 것이다. 그러므로 새 하늘과 새 땅의 비전은 처음부터 완전히 새로운 것이 아니라 다시 새로워진 땅이다.

3. "십자가형"은 진화의 역사를 거대한 서사로 보는 개념에 보다 쉽게 어울린다.

하느님이 활동하시는 방식과 연관된 신학적 필요성은 롤스톤과 존슨이 제안한 자연적 필요성처럼 유연하지는 못하다. 나는 두 가지 접근 방식 모두 죄에 대한 인간의 책임감을 약화시키며, 그러므로 인간이 자연 세계를 대하는 방식에 관한 책임감도 약화시킨다고 본다.

【성토요일과 생태론】

폰 발타살의 하느님 드라마는 성토요일에 관한 새로운 성찰을 포함하고 있다. 그리스도가 하데스에 가신 것은 죽은 자의 세계로 가신 것이다. 그가 하데스에 갔을 때, 그리스도는 인간의 실존적인 죽음의 공포와 함께한다. 폰 발타살의 믿음을 확장한다면, 생태계 파괴와 기후 재난에 의한 두려움과 분노가 포함될 수 있을 것이다. 또한, 그것은 생태계 혹은 기후 재난의 결과 혹은 강요된 이주를 통해 죽어가는 사람들과 연대를 나누는 것이며 그리고 특별하게는 다른 동물들을 포함하여, 죽음 너머의 깊은 공포를 공감하는 이들과 연대하는 것이기도 하다. 그것은 인간이 집단적으로 지구의 종말을 가져오고 있다는 인식을 나누는 것이기도 하다. 물론 문제가 되는 점은 지옥에서 절대적 죄와 맞서고 있는 그리스도에 관한 폰 발타살의 사색이 육신이 되신 말씀을 철회하는 부적절한 형태의 탈육화를 어디까지 나타내는가 하는 것이다.

나는 죽음에 직면했을 때 하느님의 사랑은 죽은 자의 세계와도 연대하여 즉각적으로 행동하시는 하느님이라고 생각하는 것이 더 좋은 표현이라고 생각한다. 그리스도의 인성은 다른 피조물들의 생명에 근거해 진정으로 육화한 인성으로 이해된다. 그러나 죽음을 넘어서 인간의 생명이 지속되는 것은 인간이 무덤을 넘어 피조물과 실존적으로 함께하는데 참여하는 능력을 보여주기 때문에 중요하다. 그리스도인의 종교적 경험은 다가올 구원 역사를 암시하는 성인과의 친교, 비전 등으로 가득 차 있다. 그렇지만 교회 전통은 이것이 인간 뿐만이 아니라 지구 자체를 의미한다고 인정하는 데 오랜 시간이 걸렸다.

이 장에서, 나는 깊은 육화를 하느님이 피조계로 공간적 하강을 하셨거나 혹은 그리스도가 존재론적으로 피조물로 확장된 것으로 이해할 게 아니라, 하느님 드라마의 중심 무대에 선 그리스도를 통한 하느님의 가장 근본적이고 극적이며 변혁적인 움직임으로 이해해야 한다고 제안하였다. 이러한 변혁적 움직임은 성령의 능동적 임재와 함께하면서, 깊은 육화는 그리스도론 못지않게 성령론의 측면에서도 생각될 수 있으며 종말론적 영광의 전망을 가리킬 수 있다. 지금 현재의 피조물을 통하여 하느님이 모든 것 안의 모든 것이 되시리라는 종말론적 희망의 약속과 함께, 여기서 우리는 창조와 재창조 사이의 공간 안에서 성령론을 발견한다. 이것은 신앙인이 따르도록 하는 소명의 길을 제시한 그리스도와 함께하는 그 드라마를 통해 인간에게 능동적인 역할과 위치를 부여하기 때문에 실천적 생태신학에서 필요하다. 그 길은 지구상의 가장 가난한 공동체 및 우리의 주변에 버려져 있는 손상되고 죽어가는 피조물의 고통과 함께 하면서 그리스도를 따라imitatio Christi 연대하는 고통의 길이다. 이것은 다음 장의 주제인 지구를 위한 새로운 인간학으로 이어진다.

✓ 돌아보기

1. 깊은 육화란 무엇을 의미하는가? 이것이 생태신학에서 중요하다고 생각하는가?

2. 그리스도론을 지혜의 언어를 통해서 이해하는 것이 생태신학에 있어서 중요한 이유는 무엇인가?

3. 생태 세계에서 그리스도의 모상을 하나의 현실적 실재로 만드는 첫 번째 단계는 무엇이 될까?

4. 깊은 육화는 피조물의 고통, 죽음과 소멸을 어떻게 생각하는가?

6.

지구를 위한 새로운 인간학[86]

이 장에서는 인간과 다른 피조물 간에 얽혀있는 관계와 생태 시스템에 관한 현대적 이해에 비추어 하느님의 모상으로 만들어진 인간의 중요성을 인식하는 새로운 방법을 다루고자 한다.

나의 어릴 적 기억은 가족의 일부가 된 동물들과 많은 연관이 있다. 첫 번째로 새턴은 가슴에 흰색 얼룩이 있는 장난꾸러기 검은 고양이였다. 회갈색의 조랑말 켈피, 다크베이 뉴포레스트 말 다이아몬드, 베이 아이리쉬 암말 샴록 뿐 아니라 검은 래브라도 제나 그리고 최근의 우리 가족의 반려견이었던 세 살짜리 다라는 이 책이 출판될 무렵 안타깝게도 죽었는데 혈액 질환일 가능성이 크다. 그들과의 관계

---

[86] 이 장은 Deane-Drummond의 "Windows to the Divine Spirit,"에서 발표된 몇 가지 개념을 발전시킨다. 보다 학문적인 논의는 Deane-Drummond, *The Wisdom of the Liminal*.을 참고할 것.

는 다른 가족만큼이나 강렬했다. 실제로 내 동생은 사람보다 말이 더 좋다고 자주 말하곤 했다. 가축뿐만 아니라 야생 동물과의 관계를 통해서도 다른 동물과 갖는 친밀함과 그들이 우리를 인간으로 대하는 표시는 다양한 문화와 지리적 위치를 막론하고 공통적이다. 생태신학자들은 왜 이러한 유대관계를 전반적으로 진지하게 받아들이지 않았는가? 생태론은 전체 시스템에 더 큰 관심이 있고 그러므로 개별적인 것은 무시하기 때문인가? 다른 동물들과 접해온 우리의 깊은 역사를 잊은 것은 아닌가? 이 장에서는 구체적인 관심을 불러일으켜 다른 피조물을 진심으로 받아들이는 길이 되는 이러한 만남을 신학적으로 해석해 보고자 한다.

인간과 반려동물 혹은 야생동물과의 교류는 많은 사람들에게 피조물에 관한 이해를 넓혀 줄 수 있다. 즉, 인간과 다른 동물 간의 관계를 생각할 때, 그들과 우리의 생명은 매우 넓은 생태 자리에서 함께 뿌리내리고 있으므로, 그에 포함된 모든 형태의 생명은 중요하다.

2016년 나의 수업에서 학생들은 나무에 관한 실습 프로그램을 진행했다. 학생들은 녹음이 우거진 나무가 가득한 노터데임대학 캠퍼스에서 각자의 나무를 하나씩 선택했다.

최소 7주 동안 휴대폰과 기타 기기들을 멀리하고, 태양의 위치를 확인하며 그들이 본 것을 침묵 가운데 자세히 관찰하고 그 주 수업에서 배운 것에 비추어 해석해 나무 프로젝트라고 이름 붙힌 학습 일지에 기록하도록 했다. 학기가 끝나고 이 보고서를 읽는 것은 매우 경이로웠다. 많은 학생들은 이전에는 이런 방식으로 나무 혹은 살아있는 피조물과 시간을 보낸 적이 없었고, 만날 기회마저 없는 도시 환경에서 자랐다. 어떤 학생들에게 이 프로그램은 특정하게 길들여진 동물과 가질 수 있는 가족 같은 유대나 고양이나 다른 동물 친구에게서 얻을 수 있는 친밀한 모습을 상기시켜 주었다. 무엇보다 가장 중요한 것은 몇 달간의 수업 과정 동안 매우 자연스럽게 생겨난 엄청난 애착감이었다. 나무가 잘려지면 어떤 느낌이 들 것인지를 물어보았을 때 많은 학생이 그러한 가능성에 대해 비통해 했다. 즉 이것은 "그들의" 나무였고 그것을 안전하게 지키고 싶어 했다. 교훈도 있었다. 그들이 단 한 그루의 나무에 이 정도로 많은 관심을 기울인다면, 나머지 고통 받는 창조 세계는 어떻게 되겠는가? 즉, 그들이 가지고 있었는지도 몰랐던 연민의 문을 열어 준 것이다.

이 장에서는 특별히 인간에게 초점을 두지만, 인간은 이

제 다른 피조물, 구체적으로 다른 동물 및 그들의 종들 간의 만남을 통하여 신학적으로 이해된다. 또한 그것은 매우 넓고 역동적으로 살아있는 생태적 자리에 위치하는 것이다. 생태신학자들은 수년 동안 서로 다른 피조물과 그들의 자연 서식지 간의 상호관계에 관해 생각하는 방법에 집중해 왔지만, 인간과 다른 피조물이 그 만남을 통하여 어떻게 변화될 수 있는지에 관한 구체적인 의미를 얻는 것은 뒤로 남겨 두었다. 생태신학은 오랫동안 인간 이미지는 이성과 같은 특정한 능력에 따른 기능적 분류로 이해하기보다 관계적 범주로 이해될 필요가 있다고 주장했다. 그것은 깊은 육화를 이성을 의미하는 용어인 로고스의 관점에서 명시적으로 이해하는 것보다, 보다 관계적 의미를 갖는 히브리 용어인 호크마를 참고하여 보완해야 할 필요가 있는 이유이다.

다른 피조물과의 만남

모든 살아있는 인간의 몸 안에서 개별적으로 공생하는 생명체의 존재마이크로바이옴는 생명과학에 의해 밝혀진 숨겨진 존재이다. 각각의 복합적 형태의 생명 안에는 상호의존하며 얽혀있는 지혜가 있으며, 이러한 연결 관계는 우리가 알고 있듯이 창조 세계 전반에 걸쳐 퍼져 있다. 또한 다양한 피조물의 종류에 관한 우리의 지식이 아직 매우 제한적임을 감안한다면 아직 밝혀지지 않은 수많은 관계들이 있을 것이다. 과학자들은 세계 안의 다양한 피조물 중 극히 일부만이 면밀히 조사, 연구되고 있다고 추정한다. 즉 많은 피조물들이 분류되거나 이름 붙여지기도 전에 멸종되고 있는 것이다. 하느님이 에덴동산에서 피조물들의 이름을 지으라고 주신 임무는 아직 끝나지 않았지만, 동산에서 쫓겨나 채식을 하며 살았던 사람들에게 지배창세 1,28는 무엇을 의미할 것인가? 이 장에서 밝히고 싶은 것은 인간이 되어가는 여정에서 놀라운 방식으로 인간과 친교를 이루며 살아가고 있는 다른 피조물의 존재이다. 세 가지의 사례 연구를 통하여 그것을 평가하려 한다. 인간과 하이에나, 코끼리 그리고 마카크원숭이의 종간 관계에 관한 것이다.

사례 연구 1 : 하이에나와 인간의 관계

인간은 오랜 역사를 통해 하이에나와 관계를 맺어 왔다. 우리는 하이에나에 대해 유쾌한 생각보단 일종의 두려움을 갖고 반응하면서 썩은 고기와 죽음과 연관된 역겨운 동물로 생각해왔기 때문에 이런 사실은 놀라운 것처럼 보일수 있다. 이 장에서 의도적으로 하이에나를 거론하며 시작하는 이유는, 불행하게도 우리 모두가 자연 세계를 너무 쉽게 낭만적으로 생각하기 때문이다. 피조물의 수많은 다양성 안에서 다른 피조물을 있는 그대로 보는 것은 중요하다. 즉, 어떤 피조물은 우리와 친분을 맺기를 원할 것이고, 어떤 피조물은 그렇지 않을 것이다. 그러나 위험한 포식자와의 만남이 바로 지금의 우리를 만들어 왔다. 그런 이유로 깊은 진화의 역사는 생태적 관계에 관한 논의와 밀접한 관련이 있다. 우리가 어디에서 왔는지를 제대로 인식하지 못한다면 우리는 우리가 어디로 갈 것인지 혹은 가야 하는지에 대해 충분하고 명확하게 알 수 없을 것이다.

하이에나의 분포가 주로 오늘날 우리가 알고 있는 지역인 아프리카 대륙으로 제한된 것은 최근의 일이다. 440만 년 전으로 거슬러 올라갔을 때에도 아르디피테쿠스 *Ardipithecus*라고 불린 인간 속 혈통의 호미닌*hominin*이나 초기 아종과 하이에나 사이에는 상호 연관이 있었다. 하이에나의 수가 적었다면 더 많은 호미닌 유적이 나타났을 것이다. 즉, 뼈를 으스러뜨리는 것이 하이에나의 먹이 습관의 일부로서 남아 있다. 그러나 50만년 후에도 여전히 하이에나의 유적지와 연관된 호미닌 오스트랄로피테쿠스 아나멘시스*Australopithecus Anamensis*가 발견된다. 360만 년 전에도 이것과 연관된 더 많은 증거들을 계속해서 찾아볼 수 있다. 이러한 사실들은 논쟁의 여지가 없다. 다시 말하면, 이러한 유적들이 복합적인 사회 공진화의 역사 과정에서 상호교류의 증거를 보여준다는 것은 의심할 여지가 없다. 우리 초기 조상의 손상된 뼈는 이전에 30년 동안 문헌에서 지속적으로 폭력적인 호미닌, "도살자 유인원"에 관한 증거로 해석됐다. 그 뼈를 자세히 조사한 결과 그 가설과 다르게 뼈에 나타난 흔적은 도살자 유인원의 활동에 의한 결과가 아니라 표범과 하이에나가 저지른 짓이라는 것을 보여주는 증거와 함께 이 불행한 호미닌은 육식동물의 희생물이었던 것이 드러났다.

호모 에르가스터*Homo ergaster*, 흰 메간테레온*Megantereon whitei*, 파키크로쿠타 브레비로스트리스*Pachycrocuta brevirostris*, 호미닌 만큼 큰 커다란 하이에나 모두 공진화했다. 50만 년 전에 커다란 하이에나는 멸종하고 점박이하이에나*Crocuta crocuta*로 대체되었다. 여러 번의 빙하 주기 이후에 유럽에서 존속한 유일한 아프리카 종이 하이에나와 인간이었다는 것은 괄목할 만하다. 그리고 하이에나는 1만 년 전 즈음에 마침내 유럽과 아시아에서 사라졌다.[87] 이것이 왜 그렇게 중요한가? 그것은 우리의 깊은 인류 역사란 다른 종들과 고립되어 발생한 것이 아니라 공진화의 맥락에서, 그리고 현대적 관점에서 놀라운 다른 어떤 종들과 함께 발생되었기 때문이다. 따라서 우리는 현미경을 사용해 공생하던 종이 우리가 살아있는 이유를 만들고 생명을 가능하게 하는 것을 도왔던 방법을 알 수 있지만, 깊은 역사의 렌즈는 우리가 모두 쉽게 놓칠 수 있는 관계의 역동성에 관한 또 다른 관점을 불러일으킨다.

우리 몸 안에서 공생하는 것들과 마찬가지로 이러한 학설은 대부분의 인간이 다른 종들로부터 뚜렷하게 분리되어 있으며 그들과 고립된 존재라는 편협한 관점에 도전한다. 오히려 다른 동물의 공동체에 인간이 상호영향을 주면서 우리와 함께했고, 이러한 동반자들은 인간 공동체를 형성하고 재형성하는 것을 도와 왔다.

---

[87] Baynes-Rock, *Among The Bone Eaters*.

【에티오피아 하랄에서의 하이에나 드라마】

오스트레일리아 인류학자인 마커스 베인즈 록Marcus Baynes-Rock은 하랄의 무슬림 도시에서 인간과 하이에나의 관계에 관한 흥미로운 연구를 했다. 하이에나의 행동을 아주 가깝고 세밀하게 관찰함으로써 인간과 하이에나 사이의 "종간種間 공유"interspecies commons라는 용어에 대한 주장을 전개했다. 그는 마을의 어떤 특정한 하이에나가 독에 중독된 후 벌어진 일련의 극적인 사건들을 자세하게 묘사했다. 첫 번째로 그 죽어가는 하이에나는 지역 사람들의 관심을 끌었다. 그들은 성냥을 켜서 낡은 천을 태워 연기를 풍기고, 라임 주스와 우유로 하이에나를 살려내려는 여러 시도를 했다. 결국에는 동료 하이에나가 나타나 "그 하이에나를 물고 그와 함께 어둠 속으로 들어갔다. 그 뒤를 이어 31마리의 다른 하이에나가 으르렁 거리는 소리를 내며 꼬리와 갈기를 세운 채 뒤따랐다." 이야기는 계속된다. "그 사건이 일어나고 이틀째 되는 날 밤, 유서프의 집 바깥 장소에서 이상한 일이 생겼다. 다른 하이에나가 소동을 일으키는 중에 한 마리의 하이에나가 낮은 신음소리를 내고 있었다. 그들은 바닥을 긁으며 여러 곳에 모여서 서로 쿵쿵대며 냄새를 맡았다." 몇 분 후, 여섯 마리의 하이에나가 아르고베리Argobberi 문의 하이에나 집결지에 도착했고 한 무리의 하이에나와 함께 공격적인 모습을 보였다.

_ Baynes-Rock, *Among the Bone Eaters.*; Baynes-Rock, "Life and Death."

마커스 베인즈 록은 인간과 하이에나 관계에 얽힌 사회적, 생물학적 중요성을 고려해 그가 관찰하였던 행동의 수

수께끼를 풀었다. 하랄Harar 시내에서 살아가는 하이에나는 전적으로 인간의 음식에 의존한다는 것에 유의해야 한다. 하이에나를 잡아먹는 사자는 이 지역에서 거의 사라졌다. 하이에나는 남겨진 사체를 청소할 뿐 아니라 때때로 경비가 없는 가축우리에 침입한다. 인간 또한 하이에나에게 직접 먹이를 주는데, 현지인들은 관광객을 끌기 위하여 이러한 행동을 이용했다. 위에서 설명한 것처럼 나머지 무리들이 중독된 하이에나를 발견했된 유서프의 집이 그러한 먹이 장소 중 하나였다. 베인즈 록은 인간이 주는 먹이의 종류가 그들 자신이 쓰레기 더미에서 발견하는 먹이와 같은 것일지라도, 이러한 관습이 사람들과 접촉하는 하이에나들을 더 대담하게 만든다고 보았다. 하이에나와 충돌했던 아르고베리 문은 인간의 역사를 갖고 있지만, 하이에나 세 무리가 교류하는 곳이기도 했기에 그들의 역사도 갖고 있다. 서로 다른 하이에나 무리들은 도시의 다른 지역에서 서로 다른 영역을 차지하고 있으며 서로 다른 문을 통해 드나든다. 인간이 먹이를 주는 것은 소피 무리에게 국한되어 있었고 유서프는 죽어가는 하이에나가 그 무리에서 온 것이라고 생각했었다. 그러나 다른 무리의 하이에나가 성난 반응을 보인 것을 관찰한 베인즈 록은 이 설명은 가능성이 없다고 보았다. 아보커 하이에나는 죽어간 그들 무리의 구성원이 유서프의 집에 주로 모이는 소피 무리에 의해 제거되고 죽임을 당했을 것이라고 생각해서 화가 난 것이었다.

아보커 무리는 자기 무리 중의 하나가 없어졌다는 것을 알았을까? 베인즈 록은 그 먹이 장소가 아보커의 영역과 매우 가까웠기 때문에 그들이 자기 무리의 하나와 연관된 소동을 며칠 전에 알았을 것이라는 생각이 배제된 결론을 거부했다. 또한 아르고베리 문은 하이에나의 무리 간의 분쟁이 해결되는 곳이기도 하다. 베인즈 록은 아르고베리 문이 "하이에나와 인간이 참여하는 드라마가 펼쳐지는 곳으로, 함께 만들고 역사가 이루어지고 정치화되는, 모두의 마음속에 의미 있는 장소이다."[88]라고 말하였다.

그 지역 사람들에게 점박이하이에나는 인간과 같은 구성 요소이다. 그들에 따르면, "하이에나는 모임을 갖고, 먹이를 구하고, 자기 동족과 하이에나의 언어를 이해할 수 있는 인간에게 구체적인 메시지를 전달한다."[89] 또한 그들은 하이에나가 가축을 공격한 다른 하이에나를 처벌하고, 하이에나를 독살하거나 죽인 인간은 결국 보복 받을 것이라

---

[88] Baynes-Rock, "Life and Death", 221.
[89] Ibid.

고 믿는다. 하이에나가 중독되었을 때아마 사고에 의한 것이겠지만 그 지역 사람들은 인간이 같은 상황에 처한 것같이 취급했다. 앞서 말한 것처럼 코 아래에 성냥을 흔드는 것은 이 지역에서 간질로 발작을 일으킨 사람을 위한 표준 치료법이었다. 라임 주스 또한 때때로 자신의 의지가 배제된 결혼을 한 소녀가 표백제를 삼키는 경우가 발생할 때 일반적인 치료법이었다. 우유는 베인즈 록의 생각이었는데 유서프는 자신이 시도가 실패하자 그의 조언을 따랐다.

또한 하이에나는 그 지역 성인聖人들의 메시지를 중개하여 그 메시지를 하이에나의 언어를 이해할 수 있는 사람들에게 전달하는 영적인 동물로 생각되었다. 그 메시지는 마을에 있는 정령의 수 등 매우 구체적이었으며, 정령은 그들 주인을 홀리거나 해악을 끼칠 수 있는 보이지 않는 존재였다. 마을 사람들은 하이에나가 그 정령을 잡거나 먹을 수 있다고 생각했다. 또한 이것은 그 지역민들이 하이에나 무리에게 중독된 하이에나를 빼앗긴 뒤 코란을 암송한 이유를 설명한다. 나아가 그것은 하이에나가 오랫동안 지속해서 인간과 함께 살아온 이유를 설명한다. 즉 하이에나는 위협이 되는 것이 아니라 사람을 부정적인 정령의 힘으로부터 보호할 수 있는 존재로 생각한 것이다.

종교적 행위와 하이에나를 신학적 드라마의 한 구성 요소로 이해하여 연결한 것은 정말로 매력적이다. 그것은 어떤 측면에서 인간 이외의 다른 동물도 하느님을 매개하는 중재자로 볼 수 있다는 의미를 갖는다. 도처에서 발견하는 뱀의 모습이 아담과 하와의 이야기 안에 숨어있는 것을 볼 때, 그리스도교 종교 역사에서 또한 이러한 매개적 영향력이 존재한다.[90]

사례 연구 2 : 인류-코끼리 관계학Ethnoelephantology

코끼리는 전쟁 무기, 권위, 신성의 상징, 오락, 보수당의 상징, 노동 수단 및 반려동물로서 인간과 오랫동안 역사를 함께 해왔다. 코끼리는 상당한 학습능력을 갖고 있으며 실용적인 기술과 사회적 정보를 보유하고 전달하는 능력이 있다. 그 중 무엇보다 놀라운 것은, 코끼리의 개별적 성격이 코끼리 공동체 내부의 특정한 사회적 관습에 따른 상호작용의 패턴에 영향을 줄 수 있다는 것이다. 그러므로 그들은 서로를 개별자로 인식할 뿐 아니라 다른 지각이 있는 존재의 생각과 느낌을 인식할 수 있다. 피어스 로크Piers Locke

---

[90] Deane-Drummond, "The Birth of Morality."

는 네팔 치트완 국립공원에서의 코끼리 관찰 경험에 근거하여, 동물은 타자의 생각과 감정을 인식하여 그것을 바탕으로 판단할 수 없다고 한 "마음의 이론"이라고 불리는 과학과 대중 문헌들의 공통된 전제에 도전하는데 주저하지 않았다. 또한 그는 코끼리가 친구나 친척을 잃은 것에 대하여 슬퍼할 수 있다고 주장한다. 인류 - 코끼리 관계학이라고 불리는 연구 프로그램은 인간과 코끼리 모두 주체적 행위자라는 점에 강조를 둔다. 그것은 그들의 공진화와 문화적인 것과 생물학적인 것을 연결하는 연구 방법이다.[91]

【중국의 야생 코끼리】

중국에 마지막으로 남아 있는 야생 코끼리는 과학자, 정부 공무원, 농부, 보존주의자, 관광객, 특히 코끼리와 인간의 충돌, 종의 생존, 동물 복지를 다루는 사람들을 연결하는 상호 관계의 네트워크에 있어서 비록 불균등한 역할이기는 하지만 매우 중요한 역할을 한다. 인간이 어떤 구체적 상황에서 어떻게 현명하게 행동할 것인지에 관한 의사결정은, 코끼리가 집을 부수고 차와 부딪히는 것과 같은 파괴적인 습관들을 포함하여 코끼리가 스스로 행동하는 방식과 많은 관련이 있다. 지역 주민들은 코끼리를 보호하게 되면서 그들의 습관이 바뀌고 더 큰 자유를 얻게 되었다고 말한다. 이러한

---

91 Locke, "Explorations in Ethnoelephantology."

맥락에서 코끼리의 파괴적인 행동에 대한 반면교사로서 원주민의 권리가 새롭게 주장되기 시작하였다.

_ Locke, "Explorations in Ethnoelephantology."

【원숭이와 인류 - 영장류 관계학】

아구스틴 푸엔테스Agustin Fuentes는 발리 파당테갈 사원 숲에 살고 있는 마카크원숭이에 관하여 흥미 있는 연구를 진행했다. 여기에서 자연과 문화의 경계는 그가 "자연 문화의 경계 지대"라고 불렀듯이 희미하다. 인간과 원숭이의 교류는 인간과 다른 영장류 간의 확실한 경쟁이나 혹은 순수한 상호교류처럼 단순하지 않다. 사원에 살고 있는 원숭이 집단들은 종교 의식 행사에 참여한다. 발리 사람들은 그들을 환경의 일부, 성가신 것 혹은 자연의 영적 힘의 사절 등 다양한 방식으로 바라본다. 발리 사람들에게 있어서 원숭이는 인간과 같은 행위자이다. 사원에 살고 있는 원숭이는 오랜 상호교류의 경험에 의해서 의식의 제물을 받아 먹는 것을 기대한다. 생물학적 척도에서 인간이 땅을 개간하는 것이 구체적으로 원숭이의 집단유전학을 결정지었고, 유전자 흐름은 발리의 농업시스템에 의해 만들어진 특정한 하천을 통해 전해졌다. 여기서 중요한 점은 인간과 원숭이의 역사가 서로 얽혀 들어갔고, 그들의 환경이 인간 사회의 특정한 의사결정에 따라 형성된 특정한 선을 따라 만들어졌다는 것이다.

_ Fuentes, "Naturalcultural Encounters in Bali."

인간화 : 하느님의 드라마와 성령

이제 신학적 해석을 엮어가려 한다. 이 교류들 안에서 인간의 고유한 역할은 무엇으로 봐야 할까? 다시 말하면, 인간으로서 우리의 특별한 책임은 어디에 놓여있는가? 하느님의 모상을 간직했다는 것은 무엇을 의미할까?[92] 그동안 논의해 온 경우들을 고려한다면, 내가 선호하는 것은 공연이나 드라마의 범주를 통하는 게 가장 설득력 있다는 것이다. 그 드라마를 통한 역동적 움직임은 피조물 안에 계신 하느님의 능동적 현존에 관하여 말하고 있기 때문이다. 기쁨이든 고통이든, 만남은 하느님이 피조물과 별도로 계시는 것이 아니라, 인간과 피조물의 역사 안에 풍부하게 연결되어 함께 존재하신다는 것을 상기시키는 하느님 드라마로 구성된다. 하느님 드라마가 그리스도의 삶, 수난, 죽음, 부활을 담고 있기 때문에 이 움직임은 신학적 용어로 구원을 향한 종말론적 지향을 반영한다. 이런 구성적 접근은 오이코스*oikos* 혹은 집이라고 하는 생태적 자리로서의 생태론적 개념과 연결되는 한편, 역사성을 강조하며 역동성을 향해 나아간다. 생태론에서 하나의 자리라는 것은 특정한

---

[92] Deane-Drummond, *Re-Imaging the Divine Image*.

종이 발견되는 생명의 환경이다. 오랜 역사를 통해 전체 세계가 변화하는 생태적 관계를 보여주는 인간 자리의 구축은 다른 동물 종들과 분리되어 있는 것이 아니라, 어떤 의미에서 그들과 얽혀 있다고 볼 수 있다.

이것은 여전히 다양한 방법론적 형이상학 가정을 스스로 의식하며 진화과학의 통찰력과 통합하는 것이다. 그렇게 함으로써, 역동적인 드라마의 측면에서 인간과 다른 피조물의 관계를 통해 하느님의 능동적인 현존을 발견하여 하느님 드라마의 과제를 배타적이 아닌 포괄적이 되도록 한다.

또한 특정한 생물학적 그리고 신학적 표현 방식 간의 관계는 상호공명하면서 자연을 피조물로 이해하도록 성찰한다. 우리는 하느님 모상으로 창조된 존재인 인간에 관해 이야기할 때조차 문화적으로 한정된 인간 언어를 사용하고 있기 때문에, 하느님에 관하여 이야기하는 것은 제한된 의미에서 항상 인간 혹은 과학 영역에서 탐구되고 발견될 수 있는 것과 유사하다. 여기서 나는 신학적 인식을 위한 유일한 나침반이 과학적 인식 행위에서 직접적으로 행해지는 어떤 자연주의적 관점으로의 환원과 같은 것이라 주장하는 게 아니다. 또한 진화인류학 혹은 생물학 사이의 유비가 적어서 서로 직면하는 생물학적 실재들이 서로 상관이 없다거나, 신학에서의 실질적인 쟁점이 아니기에 무시할 수 있다고 주장하는 것도 아니다. 그보다 신학이 가져다주는 인식의 종류란 창조 세계로 해석되는 자연 세계에서만 발견되는 것이 아니라 종교적 경험을 진지하게 받아들임으로서 세계의 구원자이며 자비로운 창조주에 관한 믿음으로 향하는 계시적 인식이라는 것이다. 자연 세계를 통해서 하느님 현존으로 향하는 창도 있지만, 그러한 통찰은 성경과 그리스도교 전통의 렌즈를 통해 성찰하며 평가된다. 그러므로 나는 자연 세계에서 발견될 수 있는 모든 것이 영으로서 계시되는 하느님 현존의 표시라고 추정할 준비가 되어있지는 않다. 그보다, 하느님 현존을 만났는지 아닌지 식별하는 것을 돕는 피조물적인 지혜가 인간에게 주어졌다. 인간과 다른 피조물과의 구체적인 만남은 하느님 드라마 전체 안에서 상호작용을 인정하는 한 많은 경우에 있어서 최소한 그 현존을 인식하기 위한 잠재적 자리가 된다.

하느님 모상의 재창조

그리스도교 신자 혹은 특히 토착 종교 등 다른 종교 전통을 가진 사람은 인간과 다른 피조물 간의 만남에 보다 많은 실존적이며 종교적인 의미를 둔다. 그리고 이러한 상상력을 가진 종교의 능력은 과학이 그 자체로 가치중립적이라고 잘못 가정될 때 생겨나는 도그마dogma들을 바로잡는다. 그러므로 생태과학과 진화인류학을 포함한 제반 과학은 철학 못지않게 창조 세계에 관한 세심한 관심에서 우러나오는 신학적 통찰을 탄생시키는 역할을 한다. 그리스도인은 창조주이자 구원자이신 삼위일체 하느님에 관한 신앙을 배경으로 자연 세계와 만나므로, 이미 어느 정도 자연 신비주의 형태의 가능성에 개방되어 있는 것이다. 그러므로 모든 것 안에서 하느님을 생각하는 것이 준비된 제라드 맨리 홉킨스Gerard Manley Hopkins와 같은 사람처럼, 하느님의 현존은 자연 세계에 깃들어 있는 아름다움과 공포라는 정념에 동조된 일종의 시적 감수성을 통하여 받아들여진다. 그러므로 활동하는 성령의 현존에 달려있는 새 창조는 기존 질서의 완전한 파괴가 아니라 그것의 갱신을 전제로 한다. 이는 새 하늘과 새 땅이란 새로운 하늘과 땅으로 대체되는 것이 아니라는 계시록의 의도와도 맞아떨어진다.

하느님과 피조물 사이를 중재하는 하느님 모상의 인간은 소우주와 같은 개념을 통하여 표현되듯이, 공간적 의미만큼이나 역사적 의미에서도 중간을 차지한다. 그 이미지가 담고 있는 것은 타자와의 관계에 있어서 인간의 역할에 관한 것이지만, 하느님 모상으로서 인간은 하느님의 지혜에 따라 인식되는 공동선을 위해 행동할 특별한 책임을 갖는다. 공동선은 인간 공동체만을 위한 것으로 좁게 이해되는 것이 아니라, 다른 피조물과의 역동적 관계로까지 열려 있다. 인간은 타자와 함께하는 삶에 깊이 뿌리박혀 있다. 다른 말로 하면, 윤리는 우리가 나온 깊은 피조물로서의 현실을 고려할 필요가 있으며, 그 중 일부는 밀접하고 상세한 관찰과 경험적 만남을 통해 세계에 주의를 기울임으로서 생겨나게 된다. 다음 장에서는 이러한 윤리적 측면을 살펴볼 것이다.

✓ 돌아보기

1. 자신이 경험했던 피조물이나 자연 풍경과의 특별한 만남은 어떤 것이 있었는가?

2. 현대에서는 다른 피조물과의 상호의존성에 관한 감각을 잃어버렸다고 생각하는가?

3. 만약 다른 피조물이 인간과 이 지구상에서의 하느님 드라마를 함께 나눈다면, 신학적으로 인간 중심의 신학과 어떤 차이가 있을 수 있겠는가?

7.

그리스도교 생태윤리

이 장에서는 신학이 경제, 환경적 죄, 생태정의를 포함한 생태
윤리 담론을 이끌어내는 데 구체적으로 기여하는 부분에 관하
여 논의할 것이다.

생태윤리에 있어서 괄목할 만한 발전은 지구에 관한 정
의와 억압받는 사람의 정의를 연결한 것이다.

【다코타 항쟁】[93]

2016년에 건설을 시작한 다코타 파이프라인은 노스다코타
의 북동쪽 모퉁이에서부터 멕시코만으로 파이프라인을 연

---

[93] 다코타 파이프라인 지역을 방문한 자료를 제공해준 시카고 로욜라 대
학의 Michael Schuck에게 감사를 표한다. 여기서 사용한 자료는 그
가 2016년 12월 16일 제공한 정보에 의존하고 있다. 또한 Christina
Peppard의 "Laudato Si' and Standing Rock"과 물에 관한 문제를 폭 넓
게 다룬 *Just Water*를 참조할 것.

결하여 일리노이 남부를 지나가기로 설계되었다. 파이프라인의 원래 경로는 주로 백인 거주 지역을 통과하였다. 새로운 경로는 1851년 포트 라라미 조약에 따라 미개발된 수Sioux족의 지역을 지나간다. 9월 3일 고고학 유적지가 불도저에 의해 부서졌고, 스탠딩 록 보호구역의 경계를 따라 난민 캠프가 형성되었다. 오세티 사코윈 캠프는 성스러운 암석 캠프 및 1851 조약 캠프와 함께 저항의 중심이었다. 터틀힐 꼭대기에서의 파이프라인 작업은 오세티 캠프에서도 보였다. 그 저항은 단지 상징적이기만 한 것이 아니라, 특권 엘리트의 화석 연료에 접근하려는 욕망과 충돌하게 된, 깨끗한 물을 얻기 위한 기본권에 관한 것이었다.

미네소타 베미지 주립대학의 연대 성명서는 다음과 같다.

> "나는 미주리강을 지나가며 원주민의 땅에 설치하는 다코타 파이프라인 건설을 반대한다. 그것은 원주민의 기본 인권을 침해하고 살아있는 자원에 즉각적인 위협이 되기 때문이다. 나는 우리나라 원주민에 대한 폭력과 압제의 역사를 깨달아 스탠딩 록에서의 이런 행위들이 학대의 유산을 지속하는 것임을 인정한다."

지금까지 나는 생태론 개념을 신학에 통합시키기 위한 논의를 다루어 왔다. 그러나 현실의 공동체가 직면한 구체적인 문제에 비추어 볼 때 그것은 실제로 무엇을 의미할까? 종종 생태신학에서 신학과 윤리 사이의 경계는 모호하다. 이 장에서 우리는 주제에 관한 윤리적 담론과 철학적 기초를 보다 명확하게 파고들 것이다.

이 분야를 탐구하는 그리스도교 윤리신학자들은 생물 다양성의 손실, 기후 위기와 같이 생태 위기와 관련된 현상들에 대한 과학적 측면을 무시해버리거나 혹은 특정한 관행에 대해 반대하거나 찬성하는 철학적 논쟁을 지나칠 수 없다.

환경 정의는 사회적, 법적, 정치적, 종교적으로 관련된 문제들을 제기한다. 생태윤리는 이러한 관심들을 포함하면서 이보다 더 나아간다. 그러므로 환경 피해에 가장 취약한 사람들의 어려움뿐만 아니라, 생태계 파괴, 생물 다양성 손실, 식량 생산 윤리 등등의 보다 광범위한 윤리적 문제들을 고려한다. 정의 문제는 항상 윤리신학자들의 관심사였다. 정의구현의 수혜자가 인간 공동체를 넘어 이 땅과 피조물을 포함하기 위해 영역을 넓혀가는 것 또한 생태윤리 논제의 일부이다.

【지구의 환경 정의】

환경 정의혹은 잘 사용하진 않지만 불의라는 용어가 적당할 수도 있다.는 취약한 개체군에 대해 환경적으로 불균형하게 위해를 가하는 것에 관한 문제 제기이다. 수많은 사례의 환경 불의가 존재하며 이러한 사례들은 미국을 비롯하여 국제적으로 존재한다. 예를 들어, 뉴멕시코에서는 카리조 산악 지역에 살고 있는 나바호 자치국이 그 지역의 풍부한 바나듐 자원을 채굴하기 위해 문을 연 우라늄 광산 프로젝트로 인해 심각한 손상을 입었다. 그들의 종교 전통에 따르면 우라늄은 추출되어서는 안 되고 땅 속에 남겨져 있어야만 하는 것이었다. 작업자들은 우라늄 추출의 위험에 대해 교육을 받지 못했고 낮은 임금을 받으며 광산 안에서의 안전 수칙도 열악한 환경에 놓여 있었다. 오랜 투쟁 끝에, 이런 환경에 놓여 있는 작업자들을 보호하기 위해 방사선 피폭 및 보상에 관한 법률1990이 제정되었다. 그렇지만 미국 정부는 나바호족의 상황에 맞지 않는 엄격한 인증 지침을 부과하였다.

유사한 이야기들이 세계적으로 널리 퍼져 있으며 시에라 클럽과 같은 비정부기구로부터 나온 사실 조사서를 통해 http://www.sierraclub.org/environmental-justice에서 진행 중인 보고서들을 열람할 수 있다. 평가서, 이야기, 운동가 진술에 관하여 포괄적으로 모아놓은 것은 암몬스Ammons와 로이Roy의 책 *Sharing the Earth*을 통해 볼 수 있다.

적정 윤리 개념이란 무엇인가?

다양하고 많은 형태의 생태신학이 있는 것처럼 환경 윤리의 의사결정에도 다양한 접근 방식이 있다. 위의 사례 연구에서 제기된 것과 같은 환경 정의의 문제는, 오랜 역사를 갖는 정의에 관한 가톨릭 사회교리가 확장되어 적용될 수 있다는 점에서 많은 가톨릭 학자들의 지지를 받는다.

예를 들어, 교회는 "가난한 자를 위한 선택"으로서 빈곤 속에서 살아가고 있는 가장 취약한 사람을 위해 우선적 선택을 계속해야 할 필요가 있다는 굳건한 생각을 갖고 있다. 그 가운데에서, 프란치스코 교종은 통합 생태론 개념을 통해 생태윤리에 관한 통찰을 통합하는 방법을 찾는다. 환경이 파괴된 후에 생태계를 복원하는 것이나 혹은 공동체의 경제적 요구와 생명 보전의 윤리 사이에 충돌이 있는 구체적인 경우에 있어서 어려운 윤리적 분석은 표면화된다. 이런 경우에 그 지역의 역사뿐만 아니라 공동체의 합의 또한 중요하다. 지역에 필요한 것이 지구적 수준에서 작용해야 할 것과 충돌하게 될 때 또한 즉시 긴장이 발생한다. 생태윤리에 관한 세상의 다양한 모든 논쟁을 미리 예상해서 연습하기보다, 신학적 분석이 이러한 논의를 바꿀 수 있는 방안에 주의를 집중하려고 한다.

프란치스코 교종이 우리에게 보여준 것처럼 창조 세계에 대한 창조주의 은총을 관상하는 프란치스코회 전통은 가톨릭교회 자체의 전통보다 훨씬 더 큰 매력을 갖고 있다. 모든 피조물을 인간이 사용하기 위한 도구적 객체로 생각하기보다 서로에 대한 선물이라고 인정하는 것은 윤리적 담론을 판단하려 하기보다 감사와 보살핌을 향해 움직이게 한다. 물론 자연 세계에 관심을 기울이는 영성은 그리스도교 혹은 그리스도교 안의 어떤 한 공동체의 전통으로만 한정된 것은 아니다. 그렇지만, 누군가의 고유한 전통 안에서 그러한 관심을 구체적으로 만드는 방법을 찾는 것은 바람직한 윤리적 대응의 첫 번째 단계로 매우 중요하다. 프란치스코회 전통에서 비롯된 관상은 다른 피조물을 인간과 함께 기도하는 친교로 초대한다는 점에서 배타적이라기보다 포괄적이다. 처음으로 아시시의 프란치스코를 감동시킨 것은 피조물에 대한 특정한 윤리적 관심이 아니라, 그리스도의 육화에 비추어 지구를 향한 그리스도의 더 넓은 의미를 생각하며 모든 피조물을 찬양하고 하느님께 감사를 드린 힘이었다.[94] 우리가 기도하는 것에게 해를 끼치는 일은 매우 어렵다. 자연 세계와 피조물도 예외는 아니다. 또한 관상을 통해서 진정한 사랑의 씨앗이 더욱더 굳건히 자란다. 우리 또한 레이첼 카슨과 같은 초기 환경운동가들이 사랑했던 경이의 감정을 경험할 수 있을 것이다.[95] 그러나 신학적 관점에서 경이를 느끼는 능력이란 예수 그리스도의

---

94 Nothwehr, *Franciscan Theology of the Environment*.
95 Carson, *Silent Spring*.

수난 이야기라는 어떤 특정한 렌즈를 통해 얻어지는 경이이므로, 그것은 종교적인 회심의 여정으로 이끌게 된다. 또한 이것은 프란치스코 영성이 그 문제에 접근하는 방식과 동일한 것이다.

특히 신학적 환경 윤리의 두 번째 측면, 즉 의로움의 모범이신 그리스도로부터 영감 받아 정의와 밀접하게 연결하는 측면이 시야에 들어온다. 그리스도인의 렌즈를 통한 정의는 어떤 모습일까? 확실한 것은 인간 공동체 안에서 가장 빈곤한 구성원에 대한 관심을 포함하는 것이 필수적이라는 것이다. 저마다의 지역별로 필요한 것도 중요하지만, 지구적인 환경 문제의 상호연결성은 지역의 민주적 의사결정과 함께 정의구현을 위한 지구적 틀이 필요하다는 것을 지적한다. 정의에 관한 저명한 사회이론가로는 존 롤스John Rawls, 마사 누스바움Martha Nussbaum, 아마르티아 센Amartya Sen과 같은 철학자와 경제학자가 있다.[96] 이들 중 누스바움만이 지구적 의사결정의 측면에서 선이란 어떤 모습인지에 대해 말할 준비가 되어있지만, 아직 이러한 생각을 환경 윤리를 위해 온전하게 발전시키지는 못했다.[97] 정

---

[96] Rawls, *A Theory of Justice*; Sen, *The Idea of Justice*; Nussbaum, Frontiers of Justice.

[97] Deane-Drummond, "Deep Incarnation"에서 이것에 관해 탐구했다.

의구현을 위한 보다 긍정적인 형태라는 측면에서 생태론과 발전 간의 연결은 인간생태론 사상의 발전을 통하여 로마 가톨릭의 사회교리CST에 제시되었으며, 이후에 프란치스코 교종의 통합 생태론에서 자세하게 다듬어졌다. 이 용어가 무엇을 의미하는지 이해하기 위해서는 사회교리에 용어들이 나타나게 된 과정을 추적해 볼 필요가 있다.

로마 가톨릭교회는 전 세계적으로 퍼져 있으며, 또한 세계에서 가장 영향력있는 그리스도교 종파 중 하나임이 틀림없다. 그런데 어디에서 그리고 왜 생태 문제가 사회교리의 의제로 들어왔을까? 많은 생태신학자들은 이런 사회교리를 완전히 무시해왔으며 그것이 인간중심적 편견에 의한 문제점으로 오염되었다고 가정했다. 나는 사회교리가 강조하는 것이 생태신학자가 일반적으로 받아들일 수 있는 것보다 더 많이 인간 중심적이라고 하더라도, 그 사회교리를 철회하는 것 그 자체가 커다란 충격을 줄 수 있기 때문에 그렇게 단순한 문제라고 생각하지 않는다. 요한 바오로 2세 교종이 생태 문제에 관심을 갖게 된 특별한 이유가 있겠지만, 중요한 것은 다른 많은 사람보다 더 빨리 문제를 인식하고 생태론과 발전을 연결한 것이다.[98] 이를 통

---

[98] 상세한 사항은 Deane-Drummond, "Joining in the Dance." 참조.

해 그는 인간생태론에 관한 자신만의 특별한 해석을 발전시켰다. 그는 다른 종의 자연 서식지를 보호하는 가치에 관해 언급하면서, "극히 소수의 사람들만이 '인간 생태학'의 윤리적 환경들을 보호하기 위하여 전념한다."고 하였다.[99] 그는 사회교리의 전통적 측면 중 하나로서, 창조교리에 근거를 둔 도덕법에 깊은 존재론적 기반이 있다는 점을 강조하였다. 나아가 그는 생태 위기의 가장 근본적인 원인은 이 법을 어기는 것이라고 주장하였다. 통합 생태론은 인간 생태론의 사회적 개념을 토대로 하지만, 그것은 생태경제학처럼 생태와 환경의 문제를 포함하는 사회의 구조적 개혁을 명확하게 요청하고 있다. 물론 통합 생태론적 접근을 허용하는 결정에 도달하기란 항상 쉬운 것은 아니다. 그렇지만 최소한 비전은 제시하고 있다.

베네딕토 16세 교종은 요한 바오로 2세 교종과 마찬가지로 생태적 피해를 세계 평화에 대한 직접적인 위협으로 생각했다. 2007년 세계 평화의 날 메시지에서 그는 정의가 요구하는 것에 관한 비전을 제시하면서 생태적 번영과 인간의 번영 사이의 밀접한 관계가 있음을 밝혔다. 그것은 가장 가난한 자에게 가해지는 불공평하고 부정적인 환경의

---

[99] Pope John Paul II, *Centesimus Annus* 38항; italics original.

영향과 관련된 생태정의일 뿐만 아니라 다른 피조물의 평안과 관련된 생태정의이기도 하다.

자연 세계의 존엄성과 생태적 실천을 강조해온 노력이 4장에서 다룬 프란치스코 교종에게만 국한된 것이 아니라는 점을 강조할 필요가 있다. 요한 바오로 2세 교종은 그의 말씀 중 일부에서 자연 신비주의의 형태의 모습을 보이기도 한다.

> 그러므로, 창조 안에서 삼위일체의 영광을 바라보면서, 인간은 관상하고 찬양하며 경이로움을 재발견해야 합니다. …… 따라서 자연은 우리에게 하느님에 관하여 이야기하는 복음이 됩니다. …… 창조물 안에서 초월자의 현존을 발견하는 능력, 관상하고 인식하는 이런 능력은 우리가 창조 때부터 연결되어 있는 땅창세 2,7과 친족 관계에 있음을 재발견하도록 이끕니다. 이것이 바로 땅이 쉼을 얻고 들판이 자연스럽게 준 것을 인간이 먹었던 히브리인의 희년레위 25, 11-12에 구약이 바랐던 목표입니다. 자연이 훼손되지도 파괴되지도 않는다면 그것은 다시 한 번 인간의 자매가 됩니다.[100]

베네딕토 16세 교종은 자연 세계란 인간을 향한 하느님의 은총으로 주어진 것이며, 인간의 생명이 의존하는 자연

---

[100] John Paul II, "General Audience." 5항.

적 기초이자 하느님의 "사랑과 진리의 계획"을 표현하는 것이라고 이해했다. 그렇지만 그는 요한 바오로 2세 교종에 의해 이미 언급된 기술지배에 반대하는 주장 뿐 아니라, 하느님과 창조 세계를 동일시하거나 혹은 범신론의 위험과 자연중심으로의 전환이 가져오는 구체적인 윤리적 위험을 밝히는데 보다 더 분명한 입장을 보였다. 베네딕토 16세 교종은 모든 윤리적 가치란 균등하게 적용되는 선으로 받아들여져야 한다는 관점을 갖는 서구 세계의 윤리적 상대주의에 대해 예리한 비판을 한 것으로 유명하다. 그는 또한 과학적 자연주의 혹은 초월적이거나 "자연"을 넘어서는 어떤 것도 없다는 신념에 반대한다. 베네딕토 16세 교종에게 있어서 자연과학의 가설은 우주에 있어서 어떤 목적성을 부정하는 위험한 것이었다. 그러므로 "인간을 포함한 자연은 단순한 우연 혹은 진화 결정론의 결과로 간주된다."[101] 오히려 창조물은 "그것을 무분별하게 착취하지 않고 현명하게 사용하기 위한 목적과 기준을 알려주는 공식이 담겨 있는 창조주 하느님의 경이로운 작품이다."[102] 베네딕토 16세 교종은 여전히 창조 세계의 "이용"에 강조를

---

[101] Benedict XVI, *Caritas in Veritate*, 48항.
[102] Ibid., 48항.

두고 있지만, 자연 세계를 창조주의 작품으로 이해한다면 그에 합당한 대우가 필요할 것이다.

【생태적 죄】

세속적 접근과 명백히 비교되는 환경 윤리에 관한 신학적 담론의 또 다른 특징은 환경 파괴를 죄로 보는 개념이다. 죄에 관한 전통적 접근 방식이 때때로 구조적 죄와 일반적 의미의 회개의 중요성에 대하여 인정하긴 했지만, 언스트 콘라디Ernst Conradie는 개신교가 생태신학을 전개함에 있어서 죄와 사회의 진단을 위한 죄 언어의 가능성에 대해 충분히 주의를 기울이지 않았다고 생각했다. 세계 에큐메니칼 총대주교 바르톨로메오스 1세는 자연환경에 해를 입히는 관행으로부터 회개하는 메타노이아*metanoia*를 강조한다.

우리에게 요구되는 것은 회개의 행동과 우리 자신을 창조에 관한 하느님 계획의 관점 안에서 우리를 둘러싼 세계와 상호의 관점에서 바라보려는 새로운 시도이다. 그것은 단순히 경제적이거나 기술적인 문제가 아니라, 도덕적이며 영성적인 문제이다. 경제적이거나 기술적인 수준에서의 해법은 우리가 가장 근본적인 방식으로 마음의 내적 변화가 일어날 때에만 발견할 수 있다. 그것은 생활 방식의 변화 및 지속불가능한 소비와 생산 양식을 바꾸는 것으로 이어질 것이다. 그리스도 안에서 진정한 회개는 우리가 생각하고 행동하는 방식의 변화를 가능케 할 것이다.

_ John Paul Ⅱ and Bartholomew Ⅰ, *Common Declaration*

아마 환경 윤리에 관한 그리스도교의 신학적 접근에 있어서 가장 독특한 측면 중 하나는 행동으로 이끄는 도덕적 명령이다. 요한 바오로 2세 교종과 그의 비전에 영감을 준 아시시의 프란치스코와 마찬가지로, 프란치스코 교종의 소명의 근원은 2013년 그가 교종 임무를 시작했을 때부터 그리스도를 향한 헌신에서 비롯된 것이었다.

> 우리는 그리스도교의 소명의 핵심이 바로 그리스도라는 것을 압니다. 우리의 삶에서 그리스도를 간직합시다. 그렇게 함으로써 우리는 피조물을 보호할 수 있습니다! 그렇지만 "보호자"가 되는 소명은 우리 그리스도인에게만 해당되는 것은 아닙니다. 즉, 모든 인간을 포함하여 선험적인 차원에서 갖고 있는 것입니다. 그것은 창세기의 책이 우리에게 전해준 것처럼 그리고 아시시의 프란치스코 성인이 우리에게 보여준 것처럼, 창조 세계의 아름다움과 모든 피조물을 보호하는 것을 의미합니다. …… 하느님 은총의 보호자가 되십시오.[103]

환경 파괴를 죄로 규정할 때, 우리는 가장 먼저 우리의 잘못을 인정해야만 한다. 예를 들어, 개혁주의 관점에서 글

---

[103] Pope Francis, *Mass*

을 쓴 언스트 콘라디는 구체적으로 기후 영향과 관련된 우리의 잘못을 인정할 필요가 있다고 힘주어 말한다.[104] 매일 매일 우리가 행동하는 방식에 의해 감지할 수도 없는 작은 변화가 누적되면서 우리 기후에 영향을 주기 때문에 그것을 인식하는 건 쉬운 일이 아니다. 그러므로 나는 IPCC에서 사용하는 인간 발생적*anthropogenic* 영향에 관한 과학적 용어에 따라 인간에 의해 발생된 기후에 영향을 주는 요소를 표현하기 위해 "인위적 악"*anthropogenic evil* 혹은 보다 분명하게 죄sin라는 새로운 용어가 필요하다고 제안했다.[105]

기후 변화는 극도로 복잡한 과정에 의해 발생하므로, 적절한 대응을 기대하기 위해서 다양한 관점이 요구되는 윤리적 딜레마의 좋은 사례이다. 믿음, 사랑, 겸손, 정의, 절제, 신실함과 같은 중요한 덕목들과 희망에 대한 그리스도인의 성찰은 세속적 대안과 비교하여 환경적 덕목을 개발하는 독특한 접근 방식을 보여준다. 그리고 이러한 덕목들

---

104 Conradie, "Confessing Guilt". 보다 최근에 콘라디는 *Redeeming Sin: Harmatology, Ecology and Social Analysis/Diagnostics*라고 명명된 프로젝트를 시작하였다. 그곳에서 그는 죄의 범주가 기후 변화와 같은 복합적인 생태 문제에 필수적인 사회 구조의 변형에 대처하는 데 유용하다고 주장한다. 구조적 죄를 주요한 사회 범주로 명명한 해방신학자들도 거의 같은 말을 했다. 차이점은 콘라디가 죄성과 하느님의 거룩함에 관한 개혁주의 전통으로부터 확실한 범주를 가져온 것과 구조적 죄와 생태적 해악 사이의 관계를 보다 명확하게 밝힌 것이다.

105 Deane-Drummond, *Ecotheology*, 116-18.

을 발전시키기 위한 성경의 가르침이 있다.[106] 또한 이러한 희망의 배경에는 하느님이 섭리하시는 보살핌에 관한 믿음이 있다. 그렇지만 이 보살핌은 우리의 행동 방식에 대해 인간적 책임을 지는 것과 분리되어서는 안 된다. 나는 실용적인 지혜 혹은 신실함을 사용하여, 정의롭게 행동하는 것, 진심으로 사랑하는 것, 관대하면서도 절제를 표현하는 것이 무엇을 의미하는지 우리가 결정할 수 있는 방법을 식별하고자 한다.[107] 우리는 기후 변화를 막으려는 시도 뿐 아니라 그것이 가속화되어 세계에 영향을 주는 것에 적응해야 할 필요에 직면하였기에 역경에 대면하여 꺾이지 않을 불굴의 용기 또한 차츰 의미 있어질 것이다.

인간의 영역 너머로 움직이는 정의

세속주의 철학은 누가 혹은 무엇이 사회 정의의 이론에 합법적으로 포함될 수 있는지에 대해 열띤 논쟁을 벌여왔다. 합리적인 위치에 도달하기 위해서는 정의를 분배하는 대리자distributors와 정의의 수혜자recipients를 구별하는 것

---

106 Deane-Drummond, "The Bible and Environmental Ethics."
107 Deane-Drummond, *The Ethics of Nature.*

이 중요하다. 이것은 비인간 종들혹은 생태계을 조리 정연하게 포함한 것을 정의의 분배적 형태의 수혜자로 받아들일 수 있다.

【여러 가지 정의 개념】

공동선을 지향하는 개인과 국가 간의 기여 정의라고도 하는 일반 정의는 국가와 개인 간의 분배 정의 및 개인들 간의 교환 정의와 비교될 수 있다. 만약 정의의 범위를 위에서 제안한 방식의 정의의 수혜자로서 비인간 공동체를 포함해 확대한다면, 이것은 분배 정의에 영향을 줄 뿐만 아니라 교환 정의 역시 우리의 개별적 생활 양식과 선택에 영향을 줄 것이다. 일반 정의는 또한 현재 많은 국가들보다 경제에 더 크게 기여하고 있는 다국적 기업에 적용될 때 특별히 관련이 있다. 보상 정의는 일반적으로 종교적 감수성 혹은 생태계보다 인간 생활 자체에 영향을 주는 것으로 좁게 이해되며, 위에서 논의한 다코타 파이프라인 건설에 의해 발생한 피해와 같이 피해가 발생한 이후의 보상과 관련이 있다.

예를 들어, 다국적 기업이 생명공학 특허를 통해서 과도한 이윤을 남긴다면, 그때 일반 정의는 세금을 내라고 할 것이다. 이것은 순수하게 경제적 이득을 얻는 것 뿐만 아니라 이러한 행동을 통해 다른 이해관계가 부정되고 있는지에 대한 문제도 제기한다. 예를 들어 생명기술의 발전이 생물 다양성에 손실을 주거나, 빈곤에 시달리는 지역의 "야생" 보호지를 파괴함으로써 환경에 부정적 영향을 가져왔다면, 그때 보상 정의가 적용되어야만 할 것이다. 국제 교역으로 이익을 얻기 위해서 환경법이 느슨한 지역을 생산지로 이용하려는 다국적 기업에게는 그에 대한 책임을 물어야 한다.

신학과 경제

시장 경제는 어디까지 그리스도교의 이상을 반영하고 있을까? 하비 콕스Harvey Cox는 시장 경제가 인류 역사에서 땅의 전통적 의미를 약화시키고 있다고 믿는다.

> 수천 년의 인류 역사에서 땅은 나라, 조상들의 안식처, 신성한 산이나 마법의 숲, 부족의 고향, 심미적 영감, 성스러운 뜰과 같이 인간에게 여러 가지의 의미를 지니고 있었다. 시장은 이러한 모든 복합적인 의미를 하나로 전환시켰다. 즉, 땅은 부동산이 되었다. 이론적으로 적절한 가격에 판매되지 않는 땅은 없다.[108]

---

108 Cox, "Mammon and the Culture of the Market," 277.

이러한 관점에서, 이른바 번영복음이라고 불리는 그리스도교의 표현을 시장경제와 완전히 동화시키고 지지하는 사람들은 깊은 오해를 하고 있는 것이다. 프란치스코 교종의 회칙 『찬미받으소서』는 시장 경제에 대해서도 마찬가지로 날카롭게 비판하였으며, 시장의 보이지 않는 "마법의" 손에 의존하기보다 베네딕토 16세 교종의 개인적 무상 gratuitousness의 경제학으로 전환하도록 발전시켰다.[109] 또한 이것은 인권만을 강조하는 것에서부터 크게 변화한 것으로서, "무상의, 자비롭고 친교적인 관계"가 "권리와 의무의 관계"보다 더 "근본적"임을 보여준다.[110] 그의 우선적인 의도는 관계가 깨진 후에 권리를 주장하여 문제를 해결하기보다 상호관계하는 방식을 근본적으로 개혁하려는 것이다. 그가 꼬집어 말하지는 않았지만, 예를 들어 다국적 기업이 광석 추출에 달려들거나 유전자 변형 작물을 개발하는 경우에 지역민의 요구를 고려하고 자연환경에 책임감을 가져야 한다는 것을 의미한다.

순수하게 시장에 기반을 둔 경제적 사고는 천연자원이 무한히 존재한다고 가정하는 경향이 있지만, 그런 자원은

---

[109] Deane-Drummond, "Technology, Ecology and the Divine."
[110] Benedict XVI, *Caritas in Veritate*, 7항.

어디에도 존재하지 않는다. 환경에 관심이 많은 경제학자들이 시도한 방식처럼, 환경 상품에 상응하는 금전적 가치가 주어질 수 있다는 생각은 많은 철학자에 의해 거부되었다. 경제는 인간의 가치를 소비자로서 우선적으로 가정하는 반면, 생태적 관심은 인간의 가치를 시민으로 반영하기 때문이다. 그렇기에 환경 상품에 금전적 가치를 부여하는 것은 범주 오류이다.[111] 시장에서 구체적인 경제적 가치를 갖지 않는 특정한 환경 상품에 대해 지불 의사WTP를 물어보는 것처럼 경제적인 비용 편익 분석CBA의 개념으로 다루게 되면 사람들은 통상적으로 환경보호에 구체적인 금전 가치를 부여하기를 거부한다.

고전적 신실함이나 실용적 지혜는 공동선에 따라 숙고하고, 판단하고, 행동하는 것을 의미한다. 또한 그것은 통찰, 과거의 기억, 현재 상황에 관한 인식, 예지력, 추론을 포함한다. 그것은 비용 편익 분석에 의해서 환경 상품에 금전적 가치를 할당하는 것을 반대하는, 환경을 고려한 의사결정과 관련이 있다.[112] 정치적 신실함은 숙고deliberation의 과정을 포함하는 것이며, 그런 의미에서 여러 사람들이 제안

---

[111] Smith, *Deliberative Democracy*, 29-49.
[112] Deane-Drummond, "Wisdom, Justice."

하는 숙의 민주주의deliberative democracy라는 정치적 모델과 가깝다고 할 수 있다.

【환경 방종】

보상적 환경세와 같이 다른 수단을 통해서 환경 상품에 현금 가치를 부여하는 것 또한, 보상이 지불되는 한 지속가능하지 않은 전략을 개발해도 상관없고 환경을 오염시키는 것도 괜찮다는 생각을 조장한다. 몇몇 경제학자들은 예기치 않은 환경 피해인 "외부성"에 대해 비용을 지불하는 것은 위반에 대해 벌금을 요구하는 법안에 비해 더 좋은 대안이라고 주장했다. 그러나 이러한 보상은 로버트 구딘Robert Goodin이 제기한 환경적 "방종"이 발생할 수 있다. 그것은 자기 것이 아닌 것을 파는 것이고, 팔 수 없는 것을 파는 것이며, 잘못된 것을 옳다고 하는 것이기 때문이다. 그러므로 피해를 입은 타자에게 인센티브를 지불함으로써 보상하는 것보다 최소한 그 행동이 잘못됐다고 규정하며 그 잘못에 대한 강력하고 적극적인 법률을 마련하는 것이 더 좋을 것이다.

_ Goodin, "Selling Environmental Indulgences."

지금의 시장 경제와 비교했을 때 보다 지속가능하며 대안적인 경제를 달성할 수 있는 전략이 있을까? 존 캅John Cobb은 그의 대표적 글에서 경제의 분권화를 통해 기본적으로 생존에 필요한 것을 자급자족하는 작은 지역을 설립

하는 공동체주의적 접근을 주장했다.[113] 이러한 지역에서는 임금이 낮거나 혹은 일반적으로 오염되었거나, 열악한 노동 조건이 있는 곳에서 생산된 상품에 관세를 부과한다. 그는 이런 지역들이 어떤 경우에는 국가일 수도 있지만, 어떤 경우에는 문화적으로 자급자족하는 방식으로 운영할 수 있는 마을들이 전형이 될 수 있다고 생각한다.

환경 정의 운동

대안이 되는 전략을 동시에 추진할 필요가 있다. 우선적으로, 바람직한 경제 혁명이 일어나기 전에 환경 해악과 재화의 불공정한 분배로 이해되는 환경 불의 상황이 시급히 다루어져야 할 필요가 있다. 순수한 공동체주의적 접근 또한 기회가 적은 다른 공동체들을 고립시킬 수도 있다. 극심한 빈곤, 사회적 소외, 환경 불의는 전 세계의 지역 사회 안에서 동시에 나타난다. 이것이 환경 정의를 위한 운동을 펼치는 이유이기도 하지만, 환경 윤리에 관한 관심이 이러한 공동체를 돕기 위한 활동들을 무시해서는 안 된다.

---

113 Cobb, "Towards a Just and Sustainable Economic Order."

지금까지 정치적 경제를 지배해온 시장 주도 시스템과 보다 진보적인 이상주의적 대안 사이를 중재하는 중간적 전략은 존재할 수 있을까? 이러한 조정 전략은 단순히 개혁조치에 머무르는 것으로 만족하는 개혁주의 전략 자체가 아니라, 보다 광범위한 변화에 앞서 중간 단계의 비상조치로 볼 필요가 있다. 환경 정의를 통해 환경 문제로 향하게 하는 것은 정치적 의제에 환경 문제를 포함하는 데 도움을 준다.

중간 단계의 개혁조치는 경제의 기본 모델을 그대로 유지하기 때문에 긴급한 목적을 위해 단기적 만족만을 가져올 가능성이 있다. 미래 세대와 비인간종의 문제에 대한 운동은 민주주의 사회 안에서 합법적 변화를 통해 정치적으로 달성될 가능성이 더 크다. 세계화된 시장 경제의 단점 중 하나는 그것이 개별 국가들의 정치적 권력과 경제적 권위를 약화시킨다는 것이다.

신학적 생태윤리의 발전

그리스도교의 "영혼"과 기풍을 갖는 생태윤리를 구상하는 새로운 방법을 정교하게 다듬기 위해 그것을 개발하는

데 도움을 줄 수 있는 몇 가지 접근방법을 제안하고자 한다.

(1) **전례 개혁** : 피조물이 하느님을 향한 찬양과 기쁨에 참여하도록 한 고대의 전례는 현대의 맥락에 맞게 새롭게 기획되고 회복되고 거행되어야 한다. 이와 함께 인간 사회가 이상적인 환경에서 살지 못하게 된 것에 관한 우리의 책임을 회피하지 않고 그 책임을 인정하기 위해 우리의 잘못을 하느님과 서로에게 고백하는 적절한 수단을 찾을 필요가 있다.

(2) **세계 및 지역 교회의 책임** : 환경의식이 상시적으로 우리의 종교 경험에 스며들게 되면 세계 및 지역적 규모에서의 바람직한 태도의 변화를 기대할 수 있다. 보편적인 영향력을 가진 교회들은 세계의 공론적 영역에서 그리스도교의 신학적 견해를 대표하는 특별한 책임을 갖고 있다. 한편, 모든 그리스도교 공동체의 교회일치적 임무는 생태적으로 책임감 있는 모습으로 번영을 이루기 위해 지역 수준에서 함께 협력하여 일하는 것이다.

(3) **개개인의 책임감에 따른 실천적 노력** : 우선 손쉽게는 우리가 먹는 음식의 종류와 생태 발자국에 관해 스스로

의식하는 것이다. 에너지 소비 전반에 대해 보다 의식적으로 행동하는 것을 포함해, 자연스럽게 우리는 변화를 만들 수 있는 여러 결정을 할 수 있다. 어떤 사람들은 비정부기구와 함께 하거나 혹은 여러 형태의 정치적 지지를 통하여 구조적 죄를 개선하기 위해 노력을 기울여야 할 책임감을 느낄 것이다.[114]

(4) **집단 양심의 구축** : 이것은 우리가 속한 공동체가 도덕적 행동의 규범으로 설정할 것에 대한 깨달음을 의미한다. 이것을 깨닫게 되면 준수해야 할 필요가 있는 몇 가지 규범이 있을 것이다. 집단 양심이란 다양한 공동체 수준에서 공유하고 있는 도덕규범에 관한 것이기 때문에, 단순한 의식들의 집합 그 이상이다. 기후 변화와 같은 복합적 문제들이 표출된다면 의식적으로 환경 문제를 더 많이 생각하는 집단 양심을 세우는 것이 필수적이다. 그리스도인은 개인 및 집단의 수준에서 양심이 의미하는 바와 그에 관한 감수성을 키우는 방법에 기여할 수 있는 중요한 것들을 갖고 있다.[115]

---

114 이러한 실천의 사례들은 Deane-Drummond and Bedford-Strohm, eds., *Religion and Ecology*. 참조.

115 더 깊은 논의는 Deane-Drummond, "A Case for Collective Conscience." 참조.

그리스도교 신조에 충실하면서도 다른 종교적 신앙을 가진 사람이나 생태적 책임을 중요하게 생각하지 않는 사람들과도 소통해가며, 동시에 민감한 환경적 감수성을 갖고 살아가는 그리스도인의 실천 및 차별화된 생활 태도에 대해 증언하는 것은 그리스도교 기풍을 쌓아 가는데 있어서 아마 말씀보다 더 큰 목소리가 될 것이다.

✓ 돌아보기

1. 베네딕토 16세 교종의 무상경제가 당신의 주변에서 어떻게 실천될 수 있을까?

2. 생태적 죄라는 개념이 행동을 위한 동기를 제공한다고 생각하는가?

3. 당신의 공동체에서 환경적인 불의의 사례가 있는가? 어떤 조치를 취할 수 있나?

4. 본문에서 언급된 신학적 생태윤리 1~4항을 발전시키기 위하여 이행 가능한 접근 방식을 생각하고 리스트에 추가할 수 있는가?

생태적 지혜를 찾아서

생태론과 지속가능성에 관한 문제를 다룰 때 가장 어려운 것 중 하나는 이러한 문제들을 해결하기가 세속적 수준에서조차 완전히 불가능하진 않지만 극도로 어렵다는 것이다. 기술에 대해 과신하거나 어떤 우수한 엘리트만이 지구 전체에 영향을 주는 결정을 내릴 능력이 있다고 가정함으로써 기술적인 조정이나 해결책을 찾을 수 있다는 생각은 잘못된 것이다. 예를 들어, 에코모더니스트는 인간에게는 기술 혁신을 통해 기후 변화와 같은 복합적 문제를 해결할 수 있는 능력이 있다는 확고한 믿음을 갖고 있다. 원주민 혹은 기타 피억압 민족과 관련된 환경 불의의 사례와 같은 어떤 문제들은 비교적 간단하다. 어떤 이유로 무엇을 해야 하는지 명백해 보이기 때문이다. 그러나 기후 변화는 윤리적으로 훨씬 더 복잡해 보인다. 그것은 우리가 처리해야 하는 복잡한 지구적 문제가 있을 뿐만 아니라, 이동이나 가정 난방처럼 스스로의 문제이면서 자신의 재화와 관련되어 있는 행동으로 인해 야기되는 폐해를 인식하지 못하기 때문이다. 이러한 측면에서 프란치스코 교종은 기술을 우상화하는 지구적 문화 방식에 초점을 맞추는 것이 옳다고 보았다. 사치처럼 보이던 것이 이제는 권리가 되었다. 기술 지배의 패러다임은 단순히 기술 그 자체에 관한 것이라기보다, 그 여파로 인한 생활 양식의 변화를 거의 인식하지 못한 채 우리의 정신 안으로 스며드는 방식이다. 누구도 인터넷 기술에 의해 제공되는 현대의 삶을 편하게 하는 통신 수단이나 현대 의학의 혜택이 없는 시대로 되돌아가고 싶어 하지는 않는다.

어느 정도의 소비가 인간과 지구의 생명을 유자하기 위해 반드시 필요한지 알아내는 식별은 현실적으로 어렵다. 여전히 시장 모델과 밀접하게 연결되어 있는 세계 경제는 특정한 서비스를 제공하거나 어떤 생산품을 만들 때 들어가는 구체적인 비용을 계산할 때 생태와 사회에 폐해를 입히는 것을 단지 "외부적인 것"으로 간주한다. 베네딕토 16세 교종에 의해 제안되었고 프란치스코 교종이 정리한 경제 이론의 근본적 변화는 경제란 그 자체로 인간의 활동이고 그러므로 새로운 길을 택하기로 결심한 사람들에 의해 변화될 수 있다는 인식을 갖는다. 생태적 경제는 달성이 불가능하지는 않지만 여전히 글로벌 금융과 표준 시장 정책의 흐름에 맞서 고전하고 있다. 앞으로 세계 경제는 복합적인 인간 문제에 대한 해결책으로서 기술 발전에 대한 집착을 버리고 탄소 제로 경제로의 전환을 이룰 수 있을 것인가? 다시 말하면, 새로운 경제를 추구함에 있어서의 유혹은 인간의 마음과 정신의 변화를 추구하기보다 기후 변화의 문제를 해결할 수 있는 기술을 찾는 것이다.

나는 생태신학에서 제시하는 오래된 지혜가 생태 문제를 책임감 있게 다루는 데 필요한 사회적, 개인적 변화에 진정한 기여를 할 수 있다고 믿는다. 가톨릭 전통은 이것을 생태적 회심이라고 부른다. 신학은 최선을 다해서 모든 것의 궁극적 권위는 하느님이라고 생각하며, 하느님 중심주의는 최소한 이론적으로는 특정한 인본주의적 틀에 얽매이지 않는다. 물론 인류학자는 신학이란 특정한 문화 전통에 의해 협소하게 정의된 것에서 비롯된다고 반론을 펼칠 것이다. 이러한 통찰을 통해, 신학자는 어려운 결정을 내려야 할 때 자신의 신앙에 근거한 입장에 충실하더라도 외부로부터 도움을 받을 수 있는 다른 참여자가 있다는 것을 인식할 필요가 있다. 그러므로 우리 세대와 미래 세대 모두에게 있어서 신앙을 갖고 있지 않더라도 보다 나은 세상을 위해 관심을 공유하는 사람들 및 다른 종교적 믿음에서 나온 지혜와 특정한 그리스도교 전통의 지혜를 연결할 필요가 있다.

실천적 지혜 혹은 신실함은 개인, 가족, 지역 공동체 뿐만 아니라 더 큰 규모의 국가와 국제 사회의 지역적 결정을 내리는 데 있어서도 똑같이 중요하다. 공동체와 관련된 개인과 다른 국가와 관련된 국가의 참여를 탐색하는 것은 글로벌 코먼즈Global Commons를 다룰 때 직면하게 되는 도전 중 하나이다. 보조성의 원리는 낮은 단계의 조직에서 가능한 의사결정에 도움이 된다. 한편 지역의 상황에 관한 관심이 소홀해질 수 있는 전 세계적 수준에서 고려되어야 할 중요한 문제들도 있다. 매우 광범위한 수준에서 다룰 필요가 있는 문제들에 있어서는 지구 위험 한계선 모델Planetary Boundaries Model의 지도가 유용하다. 그것은 기후 변화, 질소 순환, 생물 다양성, 오존층을 포함한 아홉 개의 다양한 지구의 위험 임계값을 한눈에 보여준다. 지구 전체 시스템의 안정에 필수적인 지구 위험 한계선의 현재 혹은 위협적 상황에 관하여 과학적으로 합의된 사실은 생물 다양성 손실을 포함하는 서식지 소멸을 저지하기 위한 대담한 시도들이 최소한 장기적으로는 실패할 것임을 의미한다.[116] 개발 에이전시 옥스팜의 케이트 레이워스Kate Raworth는 인류가 한계선 안에서 안전하게 존재하며 살 수 있는 장소를 가질 수 있기 위해서 이 계획에 취약한 사람을 포함시킬 것을 촉구하였다.[117] 인간과 지구에게 필요한 것을 통합하는 것은 처음부터 가톨릭 사회교리의 특징이었지만, 이같은 모델은 이해가 상충하는 어려운 문제는 다루지 않았다.

인류세처럼 원래 지구과학에서 사용하는 용어에서 파생된 지구 위험 한계선과 지질학적 개념은 인간의 책임을 평준화하는 경향이 있다. 어떤 측면에서 모든 인간은 우리가 저지른 피해에 대해 집단적인 책임이 있는 것이 사실이다. 그러나 그것을 대부분 소비하는 개개인의 영향은 불균

---

116 Rockström et al., "A Safe Operating Space for Humanity," 472-75; Rockström et al. "Planetary Boundaries," 32; Steffen et al., "Planetary Boundaries." 참조.

117 Raworth, "A Safe and Just Space for Humanity," 1-26.

등하기 때문에, 또 다른 측면에서 그것은 완전히 틀렸다고 볼 수 있다. 또한 인류세는 우리가 반응하는 타자로서의 자연과 가장 현세적 환경 윤리의 중심에 있는 관심 그리고 존 뮤어와 헨리 소로우같이 영감을 받은 미국의 야생보호운동가가 주목하는 것을 약화시킨다. 그리스도교의 관점은 자연의 타자성을 하느님이 주신 것으로 취급하므로 지구는 인간에게 주어진 선물이다. 인류세는 이러한 타자성과 무상성 그리고 다양한 집단에 대한 차별적인 책임을 몰아낸다. 프란치스코 교종이 인간의 생존을 위한 물과 기타 필수적 재화를 생물 다양성의 손실보다 윤리적 우선순위에 둔 것은 옳다고 생각한다. 그러나 많은 경우에 인간의 생존을 위해 필수적으로 필요한 것들은 다른 피조물의 안녕을 위협하지 않으면서도 충족될 수 있다.

미국에 널리 퍼져 있는 집단 사육장에서의 동물에 대한 처우는 우선순위가 뒤틀려지고 깊은 성찰이 부족한 대표적인 사례이다. 이런 환경에서 사육된 동물로부터 생산된 음식을 먹지 않기로 선택하는 것은 개인과 공동체가 할 수 있는 작은 저항일 뿐이다. 하느님의 피조물을 돌보자고 주장하는 우리가 속한 기관에서도 아직 이와 같은 연결을 인식하지 못하고 있다는 것은 실망스러운 일이다. 실제로 어떤 신학적 접근에 있어서 어려움 중 하나는 머리에서 가슴으로, 학문의 내부 세계에서 실천과 저항의 세계로 옮겨가는 것이다. 환경운동가이자 사회과학자인 빌 맥키번 Bill McKibben이 열렬히 믿는 것처럼 시민불복종은 광범위한 사회적 변화를 가져오기 위한 유일하고도 진정한 방법일까?[118] 가톨릭 전통은 일반적으로 급진적이고 평화적인 저항에 대한 구체적인 권고를 피해 왔다. 그러나 다가오는 수십 년의 새벽에 최후의 수단으로 이러한 행동이 필요한 심각한 수준의 상황에 도달할 수 있다. 정치 당국은 더욱 심각해지는 문제인 폭력의 위협과 불안정의 위험에 주의를 기울여야 한다.

이 책에서 논의한 것처럼 타인과 지구에 대한 연민의 근원을 찾는 것은 세상을 사랑하시고 우리 주변의 자연 세계에서 누구나 경험할 수 있는 하느님에 대한 믿음을 전제로 한다. 초기 교회의 교부인 카이사리아의 바실로부터 데니스 에드워즈와 같은 현대 신학자가 말하는 것처럼, 하느님은 모든 곳에 계신다. 세계에 현존하는 하느님은 그리스도교 전통 안에서만 신성한 것이 아니라 그 세계 전체를 성스럽게 한다. 그러므로 하느님의 성령은 또한 창조의 성령이

---

118 McKibben, Oil and Honey.

기도 하다. 대부분의 과학자와 생물학자는 자연 질서의 경이로움에 충분히 공감하고 있지만, 그리스도교의 관점에서 볼 때 많은 사람이 왜 그러한 경이가 인간 정신에서 일어나는지에 대한 근원과 이유를 놓치고 있다. 그리스도교신학은 그러한 경이가 비롯되는 곳, 즉 피조물을 향한 하느님의 사랑에 관한 통찰을 제시한다. 나아가, 인간에게 부여된 특별한 임무는 하느님의 모상으로 창조된 인간으로서 우리에게 주어진 요구를 피하지 않고 하느님의 피조물에 대한 책임감을 갖는 것이다. 우리의 주위에서 볼 수 있는 인간의 잔혹함은 하느님 및 자연 질서와 서로의 관계가 깨짐으로서 발생하는 것이다.

생태적 성령론은 지구와 상호 깨어진 관계를 치유하는 방향으로 성령의 움직임을 촉진할 것이다. 성령이 불고 있는 곳은 억제하거나 통제할 수 없다. 그렇지만 각 개인은 그 임무가 무엇인지 식별해야 할 중요한 의무가 있다. 우리는 기후 변화, 환경 파괴같이 인간과 지구의 질병을 만들어내는 복잡한 문제들 속에서 모두가 똑같은 방식과 해결 방안으로 노력할 수는 없을 것이다. 이 분야에서 나의 재능이 무엇인지를 인식하고 그것을 실천에 옮기는 것은 일생의 과제이다.

나는 이 책이 시간이 걸릴지라도 성숙하게 자라날 몇 톨의 씨앗을 심을 수 있길 희망한다. 비록 겨자씨와 같이 작을 지라도 하느님께서 심으신 것은 막지 못할 것이다. 생태신학은 일상생활, 전례, 가족 식사와 같이 생명의 리듬으로 짜일 필요가 있다. 다음 세대는 우리가 그 소명에 얼마나 충실했는지 보게 될 것이다. 그리고 더 이상 또 하나의 새벽을 볼 수 없을 피조물처럼 우리의 응답을 기대하며 기다릴 것이다.

그리스도교 환경운동

많은 사람이 생태신학을 공부하면서 그와 관련된 생각을 가지고, 진정으로 깊이 있게 실천하려는 길을 찾는 것에서부터 회심은 시작된다. 그것은 극적이고 되돌릴 수 없는 변화의 문턱에 서 있을 때 세상을 변화시키고자 하는 새로운 원동력으로 이어진다. 우리 세대는 감당하기 버거울 정도의 막중한 책임을 갖고 있다. 여전히 해야 할 일들이 많이 있고 인간과 지구 모두를 위해 보다 나은 세계를 만들기 위한 특별한 노력을 하는 단체들도 있다. 생태신학은 순수 환경주의와는 달리 창조주 하느님의 놀라운 은총의 일부로서의 인간과 피조물을 발견하고 그에 관심을 갖는다.

다음의 웹사이트에서 그리스도교 환경운동 혹은 에큐메니칼 측면에서 신앙을 바탕으로 한 활동에 관한 정보를 얻을 수 있다.

그리스도교 환경운동 기구

A Rocha, http://www.arocha.org/en/

Creation Justice Ministries, http://www.creationjustice.org/

Evangelical Environmental Network, http://www.creationcare.org/

Interfaith Power & Light, http://www.interfaithpowerandlight.org

Lutherans Restoring Creation,

   http://www.lutheransrestoringcreation.org/

신앙 기반 환경운동 기구

Alliance of Religions and Conservation, http://www.arcworld.org/

Earth Ministry, http://earthministry.org/

Green Faith, http://www.greenfaith.org/

Interfaith Center for Sustainable Development,

   http:// www.interfaithsustain.com/

National Religious Partnership for the Environment,

   http://www.nrpe.org/

공공 및 대중 네트워크

Catholic Climate Covenant,

   http://www.catholicclimatecovenant.org/

European Christian Environmental Network,

   http://www.ecen.org/

환경 프로그램 운용 기구

Catholic Agency for Overseas Development, One Climate, One
World Campaign, http://cafod.org.uk/Campaign/

Catholic Relief Services, http://www.crs.org/

Catholic Rural Life, https://catholicrurallife.org/

Green Jesuit, http://greenjesuit.org

Jesuit Volunteer Corp, http://www.jesuitvolunteers.org/

United States Conference of Catholic Bishops-Environmental
Justice Program, http://www.usccb.org/issues-and-action/
human-life-and-dignity/environment/environmental-justice-
program

학문 연대 기구

Yale University's Forum on Religion and Ecology,
http:// fore.yale.edu/

Society of Conservation Biology-Religion and Conservation
Biology Working Group, https://conbio.org/groups/working-
groups/religion-and-conservation-biology

Society of Conservation Biology-Best Practices for Religious
and Indigenous Community Interaction, https://conbio.org/
publications/scb-news-blog/bestpractices-for-religious-
and-indigenous-communityinteraction

Torreciudad Declaration between climate scientists, religious
leaders and theologians: http://www.declarationtorreciudad.org/

국내 그리스도교 생태사도직 기구와 단체[※]

가톨릭기후행동, https://gccmkorea.kr

가톨릭농민회, https://ccfm.modoo.at

기독교환경운동연대, http://www.greenchrist.org

노틀담 생태영성의집, https://cafe.daum.net/ecosfarm

천주교 대전교구 불휘햇빛발전협동조합

     http://www.bulhuisun.com/index.htm

천주교 대전교구 생태환경위원회, http://www.djeco.or.kr/main

천주교 서울대교구 환경사목위원회, https://eco.catholic.or.kr

천주교 수원교구 생태환경위원회, https://ecosuwon.casuwon.or.kr

천주교 제주교구 생태환경위원회,

     https://cafe.daum.net/catholicjejueco

천주교 춘천교구 7년 여정,

     http://www.cccatholic.or.kr/index.php?mid=cc_7year

하늘땅물벗, http://fhew.org

한국천주교주교회의 생태환경위원회,

     https://cbck.or.kr/Committees/201007877

Laudato Si' Movement(찬미받으소서 운동),

     https://laudatosimovement.org

※ 추가적으로, 독자들을 위해 국내 그리스도교 생태사도직 기구와 단체
  들을 소개해 본다. – 옮긴이

생태신학 용어 해설

가이아 Gaia 고대 그리스 대지의 여신을 의미. 또한 이 용어는
    전체 지구 시스템과 생물군의 조절 효과의 결과로 안정을
    유지하고 있는 대기최소한 지금까지는를 설명하는 이론으로
    독창적 과학자인 제임스 러브록에 의해 제창되었다.

게놈 genome 어떤 특정한 유기체에 관한 유전자 정보.

결과주의 consequentialism 어떤 행동이 옳은지 그른지 판단
    하는 방법으로서 특정한 행동의 결과를 다루는 윤리 이론.

경계 공간 liminal 공간 사이 그리고 물질적 영적 실재들 사이
    의 경계를 의미할 수 있음.

경이驚異 wonder 아름다움이나 혐오감과 접할 때의 감정적 반
    응. 생태신학에서는 자연 세계 자체를 의미하거나, 알려지
    지 않은 인식의 범위에서 어떤 인식을 탐색하는 것과 관련
    될 수 있음.

고유 가치 inherent value 인간이 특정한 피조물 혹은 장소에
    부여한 가치.

공리주의 윤리학 utilitarian ethics 최대 다수의 최대 행복 또는
    효용의 실현을 목적으로 하는 윤리 이론.

공생 symbiotic 서로 연합하여 상호 이익을 얻는 유기체 간의 상호작용 패턴.

과학주의 scientism 과학적 추론만이 세계를 인식하는 유일한 방법을 제공하는 것이며, 과학적 인식 방법이 모든 의사결정을 형성할 수 있다는 믿음.

교환 정의 commutative justice 기초적인 공정성의 원리에 따라 개인 간의 계약을 통해 빚을 지는 것. 민간 기구들도 법률 시스템을 통해 종종 법적 개인으로 취급됨.

구성적 정의 constitutive justice 특정한 공동적 정의 체계에 관한 평가와 관련된 것으로, 예를 들어 노예는 구성적 정의를 통해 정의 체계에 의문이 제기될 때까지 정의의 요구 사항 밖에 있는 것으로 간주되었다.

그리스도론 Christology 구속, 구원론, 미래 희망, 종말론, 신학적 인간학에 있어서 예수 그리스도에 관한 연구. 넓은 의미에서는, 삼위일체적 접근을 통해 창조에 있어서 그리스도의 중요성을 나타내기도 함.

그리스도적 Christic 예수 그리스도 혹은 그리스도의 십자가와 연관하여 그리스도론과 다른 영역 사이의 연결을 강조하는 서술어.

기여 정의 contributive justice 일반적으로 민족 혹은 국가 단위에서 그 공동체의 각 구성원이 집단에 대해 갖는 책임.

기후 변화 climate change 만년설이 녹고 지구 온도가 상승하며 날씨의 패턴이 예측하기 힘들어지는 현상. 종종 정치적인 진영 논리로 기후 변화에 관한 증거를 부정하는 사람도 있음.

깊은 육화 deep incarnation 하느님이 예수 그리스도의 인격으로 육화하셨을 때 이것은 인간만이 아니라 우주 전체에 의미가 있다는 생각을 표현하는 방식.

남성 중심주의 androcentrism 인간 중심주의가 남성을 위주로 변형된 형태로서, 여성과 피조물을 배제하고 남성의 가치에 중점을 두는 것.

내재적 가치 intrinsic value 모든 피조물은 그 자체로 선함을 의미.

녹색 green 환경운동을 지향하는 정치적 경향을 표현하는 색.

녹색 무정부주의자 green anarchists 일반 법률 및 환경에 관한 법률을 위반하면서라도 극단적인 행동을 하는 사람.

농본주의 agrarianism 농업에 있어서 여러 세대를 걸쳐 전해온 지역의 전통과 조화를 이루는 경작 방식을 존중하는 접근 방식. 예를 들어, 유전 기술을 사용하지만 생명에 관한 특정한 사회 철학에 의해 그 기술을 제한적으로 사용하는 것.

다종多種 multispecies 공동체적 관계에서 복수의 종들이 함께 살아가는 것.

대뇌화 encephalisation 진화 과정에서 뇌의 상대적 크기가 증가하는 것.

덕德 윤리 virtue ethics 단순한 결과나 원칙에 따라서가 아니라 인간이 행위자로서 행동하는 방식의 관점에서 무엇이 정의로운 것인지를 중요하게 고려하는 윤리 체계.

도구적 가치 instrumental value 오직 인간에게 유용한 경우에만 가치가 있다는 판단 기준.

동물권 animal rights 인권으로부터 유추하여 동물도 개별적인 도덕적 가치를 갖고 있으므로 각 동물은 자신의 특별한 존엄성과 생명의 주체임을 주장하는 사회적, 정치적 운동.

동물연구 animal studies 인간 사회에 있어서 동물의 위치에 관한 중요한 사회과학 및 정치적 담론을 수행하는 광범위한 분야. 보다 사회과학적 접근 혹은 어떤 경우에는 종교학적 접근을 하면서, 자연과학으로서 동물 행동 연구와는 구별됨.

동물행동학 ethology 동물의 행동에 관하여 상세하게 연구하는 학문.

롤스의 차등 원칙 Rawls' difference principle 가장 불우한 사람에게 재화를 줄 수 있고 그에게 이익이 되는 행위는 선한 것이라고 주장하는 사회 정의 이론.

메타노이아 metanoia 가슴과 마음으로의 회개, 돌아섬.

멸종 extinction 특정한 생물학적 종이나 문화의 완전한 손실.

미래의 원시인 future primitive 이상적 미래는 산업화 시대 그리고 현대 농업 기술 도입 이전 사회로 돌아가야 한다는 시각을 포함하는 견해.

민족학 ethnology 특정 공동체와 함께 사는 인류학자에 의해 인간 행동을 구체적으로 연구하는 학문.

보상 정의 compensatory justice 개인이 상해를 입었거나 정당한 청구권이 침해되었을 때 제3자나 단체가 지불을 책임지는 것.

보전 conservation 생태계, 자연 경관, 서식지와 함께 다양한 형태의 야생 생물을 보호하는 것과 관련된 분야.

보호 preservation 살아있는 것을 온전하게 지키는 것.

본질주의 essentialism 정체성을 위해 어떤 고정된 특성을 강조함. 종종 경멸적인 방식으로 사용되기도 하며, 예를 들어 이러한 본질주의 관점의 맥락에서 여성의 정체성은 남성에 의해 그려진 특정한 특성에 의해 제한되어 있음.

분배 정의 distributive justice 개인에게 공정한 방식으로 분배하도록 하는 국가의 의무.

삼위일체적 trinitarian 성부, 성자, 성령의 하느님 세 위격 사이의 관계가 반영되는 존재의 패턴.

새로운 창조 이야기 new creation story 우주의 시원까지 거슬러 올라가 하느님이 세계를 창조한 방식을 과학적 상상력과 통찰을 동원하여 설명하는 대서사시.

생물기호학 biosemiotics 특정한 생물학적 영역에서의 상징과 코드를 연구하는 학문으로 생물학 분야와 기호학 분야가 연결된 것.

생물 다양성 biodiversity 일반적으로 종의 분화에 따라 지구상에 살아가는 다양한 형태의 생명체를 의미함. 현대에 이르러 다양한 종의 생존에 간접적으로 영향을 주는 합법적 관행과 직접적 밀렵, 불법 거래 혹은 서식지 파괴로 인해 생물 다양성이 위협받고 있다.

생물정치학 biopolitics 정치 이론과 생물학적 영역이 교차하는 것을 의미하며, 포스트모던 사상에서는 생명체에 대한 정치권력의 지배를 나타내기 위해 사용되고 있다.

생물 중심주의 biocentrism 모든 생물학적 존재가 도덕적으로 중요하고 가치 있으며, 일반적으로 분리된 구성 요소로서

가 아니라 지구 전체의 생명 체계를 의미하도록 의도된 믿음. 종종 이 관점을 고수하는 사람들은 인간을 포함한 개별 생물의 가치를 경시하기 때문에 생태 파시즘이라는 비난을 받기도 한다.

생물 지역주의 bioregionalism 생태학적 범주에 따라 지역화되는 것을 나타냄. 예를 들어 물의 분수령처럼 생태적 조건에 따라 서로 다른 공동체를 하나로 묶는 것.

생물권 biosphere 지구상에 존재하는 생물과 환경을 모두 포함하여 지칭하는 것.

생태 경제 ecological economics 생태적 피해를 시장 경제의 불행한 부작용이며 직접적인 관련이 없는 "외부적인 것"으로 취급하기보다 그 피해를 더 깊이 고려하도록 경제학을 재편성한 것.

생태 복원 ecological restoration 어떤 환경이 손상된 후에 이상적인 역사적 환경과 밀접하게 연결되어 이전의 상태로 회복될 수 있고 회복되어야 한다는 신념.

생태 비평 eco-criticism 환경 문제에 특별한 중요성을 두는 관점에서 문학 텍스트를 비판적으로 읽는 것.

생태 여성주의 ecofeminism 종종 "제3의 물결"이라고 불리는 여성주의 안의 운동으로, 여성주의가 특정한 정치적, 종교적 연대에 따라 다양한 형태로 나타남.

생태 위기 ecological crisis 지구와 생명체가 매우 해결하기 어려운 문제를 갖는 시스템 안에서 인간의 행동에 의해 돌이킬 수 없이 손상되고 있다는 생각.

생태정의 ecological justice 인간과 그 외의 피조물 및 그들의 책임이 무엇인지를 포함하는 지구를 위한 정의의 광범위한 개념.

생태정의 원리 eco-justice principles 지구 성경 모임에서 특정한 방식으로 성경을 읽기 위하여 작성한 원칙. 예를 들어, 지구를 대신하여 호소하는 목소리의 원리, 고유 가치의 원리, 청지기 정신의 원리, 상호연결성의 원리, 지구 자체가 인간의 억압에 의해 정의를 훼손당하고 있으며 그러한 행위에 저항할 것이라는 저항의 원리가 있음.

생태계 ecosystem 다양한 유기체가 구체적 시스템을 형성하여 상호작용하는 방식.

생태론 ecology 살아있는 유기체와 그들의 상호관계성에 관한 연구.

서식지 habitat 전체적인 기능에 기여하면서 개별적으로 살아있는 유기체들이 모인 장소. 서식지를 잃게 되면 그 종 혹은 공동체는 변화에 적응하지 않는 한 사라지게 된다.

성령론 Pneumatology 창조와 전통적으로 그리스도인의 삶 및 자극에 반응하는 피조물 안에서 성령이 활동하는 것에 관한 연구.

세계화 globalization 상품과 용역이 세계적 수준에서 교환되는 정치 사회적 과정.

스케일 scale 미세 규모로부터 유기체, 공동체, 지위niche, 캐노피canopy의 수준에 이르기까지 연구의 초점이 되는 다양한 생물학적 범주.

시장 경제 market economy 화폐 가치에 따라 재화를 교환하는 정치 체계. 글로벌 시장은 국제 교역 협정을 통하여 상품

가격이 평준화 된다.

신정론神正論 theodicy 악과 고통이 있는 세상에서 하느님은
선하다고 주장할 수 있는 방법을 설명하려는 철학적 시도.

신피질新皮質 neo-cortex 지능 및 인간의 이성 능력과 관련된
것으로 생각되는 뇌의 윗 부분.

신학적 덕목 theological virtues 믿음, 희망, 사랑의 덕목.

신화神話 myth 특정한 종교의 배경을 갖는 세계관이나 이야기.

실천적 지혜 practical wisdom 숙고와 판단 및 행동을 포함하
여 넓게는 아리스토텔레스의 틀에 따라 결정을 내리는 방식.

심층 생태론 deep ecology 정치적 행동주의를 위한 플랫폼을
마련하여 생태적 웰빙을 인간의 웰빙보다 우선시하는 정치
적 운동.

십자가형形 cruciform 그리스도의 수난과 죽음, 즉 그의 십자
가와 세계 안에서 관찰되는 그와 관련된 형태와의 관계를
나타내는 서술 형용사.

야생 보호 wilderness preservation 인간에 의해 간섭을 덜 받
도록 하여 원래의 상태를 유지하도록 하는 환경 정책.

야생 정의 wild justice 사회적 동물이 일례로 놀이 규칙 등과
같이 서로 관계를 맺는 방식에 정의의 용어를 적용한 개념.

에코파시즘 ecofascism 개별적 인간의 삶을 희생하면서 지구
의 선을 지지하는 것처럼 보이는 급진적 생태론. 파시즘과
의 연계되는 것은 지구 보호에 관한 것을 약화시키려 함.

영원한 친교 sublime communion 그리스도교 종말론에 따른
지구의 궁극적 목표.

우주 cosmos 천문학적 우주universe 혹은 여러 은하계로 알려

진 것의 가장 확장된 개념으로 정신적 의미를 포함한 주관
적 우주. 물질 세계의 총합을 의미하기도 함.

우주적 친교 cosmic communion 우주의 다양한 존재들의 친
밀한 관계를 의미함. 종종 세계 안에 내재하는 삼위일체적
관계를 반영하기 위한 신학적 용어로 사용함.

유전자 변형 농수산물 GMO 유전하거나 유전하지 않는 방식
으로, 특정한 유기체에서 발현하는 특성을 변화시키거나
변형하는데 사용하는 유전자 기술로 만들어진 유기체.

유토피아 utopia 이상 사회에 관한 믿음.

의무론적 윤리학 deontological ethics 이웃에게 정당하게 행
동해야할 의무가 있는 원칙과 같이 윤리적 결정을 내리는
기본 원칙.

인간생태론 human ecology 이것은 가톨릭 사회사상에 있어
서 사회과학의 의미를 넘어서는 특별한 의미를 갖는다. 사
회과학자는 주로 인간이 거주하고 살아가는 맥락에 관한
것을 논하지만, 가톨릭 사회교리는 창조주 하느님에 의해
부여된 맥락 안에서의 인간을 우선시 한다.

인간 중심주의 anthropocentrism 인간의 행동 및 구조와 문화
에 독점적으로 집중하는 철학적 접근 방식. 인간이 다른 모
든 피조물보다 훨씬 중요하다는 믿음인 인간 배타주의와
밀접하게 연결되어 있음.

인류세 Anthropocene 인간이 지구와 행성 시스템에 예기치
않은 영향을 가져온 것을 의식한 지구학자에 의해 논의되
고 있는 새로운 지질학 시대 구분. 인류세의 시작은 여러 논
란이 있으나 많은 사람들은 증기 기관의 발명 혹은 산업화

의 등장이라 보고 있음.

인류-코끼리 관계학 ethno-elephantology 인간공동체에서 사용하는 민족지학 도구를 사용하여 코끼리의 행동을 연구하는 학문.

일반적 혹은 법적인 정의 general or legal justice 누구에게 책임이 있는지에 관한 이유를 제시하는 가장 광범위한 정의의 범주.

자비 charity 전통적으로 하느님의 사랑과 이웃에 대한 사랑을 의미함.

자연 nature 인간과 기타 피조물로 이루어진 생물학적 영역을 의미하지만, 인간과 인간의 본성 자체 이외의 것을 의미하기도 함.

자연법 natural law 선을 추구하고 악을 멀리하는 것과 관련된 것을 의미하며, 여기서 선은 모든 생명이 번성하는 것을 기준으로 한다. 자연 세계와 특히 인간은 선천적으로 이성을 지니고 있다고 생각됨.

자연주의 글쓰기 nature writing 자연 세계에서 느낀 경험에 관한 글쓰기. 대표적으로 모범적 작품을 써온 존 뮤어같은 작가가 있다.

잠재가능성 접근 capabilities approach 기본적 인권과 일치하여 접근하거나 혹은 집단적인 의사결정에 의해 공동체가 원하는 방향을 번영의 특정 목표로 하는 정의 이론을 의미한다. 동물의 특정 욕구에 관한 인간의 인식에 따라서 동물에게도 적용될 수 있다.

장소 place 인간과 다른 동물이 서식하는 물리적 지역. 그 장소에서 인간은 그들의 필요에 따라 특정한 방식으로 집을 만든다.

전투적 생태 운동 militant ecology activism 최고의 선으로 생각하는 특정한 생태계의 보전을 위하여 때로는 급진적이고 불법적 방식을 동원하여 행동하려는 정치적 성향.

절제 temperance 건전한 생활을 위해 필요한 것 이상을 취하지 않겠다는 마음이나 성향의 습관으로, 탐욕을 줄이고 자제하는 것과 밀접하게 연관되어 있음.

제국주의 imperialism 패권적 지배 계급이 다른 나라의 영토를 빼앗는 정치적 국가 질서.

존재론 ontological 존재하는 사물의 종류에 관한 것뿐 아니라 생명체 그 자체가 무엇인지에 관한 형이상학적 범주.

종種 개념 species 자기 자신과 같은 특정한 종류를 재생산할 능력이 있는 유기체 개념. 종은 초기 생물학에서 많이 다룬 개념이었지만, 많은 생물학자들이 이제는 유동적인 종들 간의 유전적 교환으로 인해서 점점 회의적으로 보고 있다.

종교 환경주의 religious environmentalism 종교적 동기에 의해 영감을 받은 환경 행동.

종말론 eschatology 그리스도교의 희망과 기대에 따른 인류와 지구 및 우주의 미래 역사에 관한 것이지만, 그 미래는 또한 "실현된" 종말론을 통하여 현재의 내부에도 침투되어 있는 것으로 간주됨.

지구 성경 earth Bible 성경의 텍스트 자체 혹은 생태정의의 원리에 집중하여, 특별히 생태론적 문제에 주의를 기울이며 성경을 읽는 특정한 방식.

지구 위험 한계선 planetary boundaries 지구가 시스템적으로 정상으로 기능할 수 있는 특성들의 물리적 한계. 잠재적으로 그 경계를 넘어설 수 있는 9개의 한계선들이 존재함.

지구의 수용 능력 carrying capacity of the earth 특정한 지역에서의 특정한 종에 관하여 지엽적으로 적용될 수도 있지만, 일반적으로 생명을 무기한으로 지속할 수 있는 지구 전체의 능력을 의미함. 인구 증가의 측면에서, 미래 세대를 훼손하지 않고 주어진 가용 자원으로 지구에서 지속하여 생존할 수 있는 최대 인구 수를 의미함.

지배 dominion 일반적으로 청지기 직분 혹은 보살핌이라는 측면에서 고려하는 인간과 자연 세계의 관계를 의미함.

지속가능성 sustainability 미래 세대에 있어서 사회적, 물질적 재화와 환경의 지속성을 의미함. 이 용어의 실제 의미는 환경 우선순위의 정도에 따라 다양하게 적용되면서 여러 집단에 의해 채택되었다. 정치, 사회, 윤리, 환경 및 종교의 수준에서 어려운 환경 문제를 해결하고자 다양한 학문 분야를 넘나드는 작업의 도전과 어려움을 잘 보여준다.

지혜 wisdom 유신론자에게는 하느님과의 관계를 포함하여, 모든 것과 올바른 관계를 형성하는 능력과 관련된 지성적 덕.

진화 evolution 오랜 기간의 역사를 통한 지구와 그 안의 생명체의 변화 과정.

청지기 정신 stewardship 개인적 유익뿐만 아니라 전체 시스템의 이익을 지향하여 지구와 그 자원을 관리하는 것에 우선권을 두는 인간의 환경 책임에 관한 이론. 상황에 따라 다른 의미를 가질 수 있는 애매한 용어이지만, 인간의 행위를 강조하기 때문에 교회의 문헌에 자주 사용된다.

토착민 indigenous 인간에게 있어서 제국주의가 영토를 빼앗기 이전부터 그곳에 살던 지역 주민을 의미하며, 생물학적 종에 있어서는 다른 종이 침입하기 이전에 존재하던 종을 의미함. 물론 토착민에 관한 정의는 역사를 얼마나 거슬러 올라가는지에 달려 있지만, 일반적으로 토착민은 제국주의 혹은 식민지화의 역사 훨씬 이전부터 그 땅과 연결된 오래된 역사를 갖고 있다.

통합 생태론 integral ecology 환경 문제의 해결을 위하여 경제적, 사회적, 생물학적 차원을 포함하여 통합적으로 접근하는 방식. 가톨릭 사회교리에서 자연법을 확장한 의미로 사용되었다. 프란치스코 교종에게 있어서 그것은 하느님에 의해 주어진 실재를 폭넓게 보는 전망과 함께 통합적 발전을 의미한다.

풍경 landscape 다양한 유기체의 특정한 활동과 문화적 개입에 의해 형성된 땅의 시각적, 미학적 측면.

피조물 creatures 주로 하느님에 의해 창조된 살아있는 유기체를 지칭하지만, 고대 문헌에서는 물질 세계 자체를 의미하기도 함.

하느님 모상 imago Dei 창세기에 언급된 것으로 하느님의 모습으로 창조된 인간을 의미한다. 그것은 다른 모든 지구상의 피조물과 비교하여 인간에게 독특하게 주어진 것으로 인간의 독창적 위치를 표현한다. 이 모상이 부당한 인간 중심주의를 조장하였다고 믿는 신학자들은 이 용어를 사용하지 않거나 혹은 다른 피조물까지 포함해 확대 사용한다.

하느님 중심주의 theo-centrism 인간이나 다른 피조물보다 하느님이 실재의 중심이라는 관점.

하느님의 몸 God's body 하느님은 그 몸 이상의 분이시지만, 지구 자체가 하느님의 몸이라는 신념.

해석학 hermeneutics 해석에 관한 이론으로, 그리스도인에게 있어서 일반적으로 성경과 같이 특별히 중요한 텍스트의 해석에 관한 것.

환경인문학 environmental humanities 환경 문제에 주목하고 관심을 갖는 다양한 인문학 과목의 한 분야.

환경 정의 environmental justice 어떤 특정한 사람에게 어떤 환경적 재화를 빚지고 있는지에 관한 것으로, 환경적 불의를 겪는 사람들은 인종주의와 극도의 빈곤과 같은 다른 형태의 불의도 함께 겪을 수 있다.

Alaimo, Stacy. *Undomesticated Ground: Recasting Nature as Feminist Space*. Ithaca, NY: Cornell University Press, 2000.

Ammons, Elizabeth, and Modhumita Roy. *Sharing the Earth: An International Environmental Justice Reader*. Athens: University of Georgia Press, 2015.

Anderson, Paul N. *The Riddles of the Fourth Gospel: An Introduction to John*. Minneapolis: Fortress, 2011.

Balthasar, Hans Urs von. *Theo-drama: Theological Dramatic Theory*, Volume IV: The Action. Translated by Graham Harrison. San Francisco: Ignatius, 1994.

Barker, Margaret. *Creation: A Biblical Vision for the Environment*. London: T. & T. Clark, 2010.

Bauckham, Richard. *Bible and Ecology: Rediscovering the Community of Creation*. Sarum Theological Lectures. Waco, TX: Baylor University Press, 2010.

Baynes-Rock, Marcus. *Among the Bone Eaters: Encounters with Hyenas in Harar*. University Park: Pennsylvania State University Press, 2015.

_____, "Life and Death in the Multispecies Commons." *Social Science Information* 52 (2013) 210-27.

Benedict XVI, Pope. *Caritas in Veritate*. London: Catholic Truth Society, 2009.

Bergmann, Sigurd. *Creation Set Free: The Spirit as Liberator of Nature*. Grand Rapids: Eerdmans, 2005.

Boff, Leonardo. *Cry of the Earth, Cry of the Poor*. Translated by Philip Berryman. Ecology and Justice Series. Maryknoll, NY: Orbis, 1997

———, *Ecology and Liberation: A New Paradigm*. Translated by John Cumming. Ecology and Justice Series. Maryknoll, NY: Orbis, 1995.

Brague, Rémi. *The Wisdom of the World: the Human Experience of the Universe in Western Thought*. Translated by Teresa Fagan. Chicago: University of Chicago Press, 2003.

Brown, William. *Wisdom's Wonder: Character, Creation and Crisis in the Bible's Wisdom Literature*. Grand Rapids: Eerdmans, 2014.

Cahill, Lisa. "The Environment, the Common Good and Women's Participation." In *Theology and Ecology across the Disciplines: On Care for Our Common Home*, edited by Celia Deane-Drummond and Rebecca Artinian Kaiser. London: Bloomsbury, 2018, *in press*.

Carson, Rachel. *Silent Spring*. Boston: Houghton Mifflin, 1962.

Cleland, Elsa E. "Biodiversity and Ecosystem Stability." *Nature Education Knowledge 3* (2011) 14.

Cobb, John B. "Towards a Just and Sustainable Economic Order." In *Environmental Ethics: An Anthology*, edited by Andrew Light and Holmes Rolston, 359-70. Blackwell Philosophy Anthologies 19. Oxford: Blackwell, 2003.

Conradie, Ernst. "Confessing Guilt in the Context of Climate Change." In *Ecological Awareness: Exploring Religion, Ethics and Aesthetics*, edited by Sigurd Bergmann and Heather

Eaton, 77-96. Berlin: LIT, 2011.

Conradie, Ernst, et al. *Christian Faith and the Earth: Current Paths and Emerging Horizons in Ecotheology*. New York: Bloomsbury T. & T. Clark, 2014.

Cox, Harvey. "Mammon and the Culture of the Market: A Socio Theological Critique." In *Liberating Faith: Religious Voices for Justice, Peace, and Ecological Wisdom*, edited by Roger S. Gottlieb, 274-83. Lanham, MD: Rowman & Littlefield, 2003.

Dalton, Anne Marie, and Henry Simmons. *Ecotheology and the Practice of Hope*. SUNY Series on Religion and the Environment. Albany: State University of New York Press, 2011.

Daneel, Marthinus L. "Earthkeeping Churches at the African Grass Roots." In *Christianity and Ecology: Seeking the Well Being of Earth and Humans*, edited by Dieter T. Hessel and Rosemary Radford Ruether, 531-52. Cambridge: Harvard University Press, 2000.

Davis, Ellen F. *Scripture, Culture and Agriculture: An Agrarian Reading of the Bible*. Cambridge: Cambridge University Press, 2009.

Deane-Drummond, Celia. "Beyond Humanity's End: An Exploration of a Dramatic versus Narrative Rhetoric and Its Ethical Implication." In *Future Ethics: Climate Change and Apocalyptic Imagination*, edited by Stefan Skrimshire, 242-59. London: Continuum, 2011.

_____, "The Bible and Environmental Ethics." In *The Oxford Handbook of Bible and Ecology*, edited by Hilary Marlow and Mark Harris. Oxford: Oxford University Press, 2018, *in press*.

_____, "The Birth of Morality and the Fall of Adam Through an Evolutionary Inter-species Lens." *Theology Today 72* (2015) 182-93.

_____, "A Case for Collective Conscience: Climategate, COP-15 and Climate Justice." *Studies in Christian Ethics* 24 (2011) 5-22.

_____, "Catholic Social Teaching and Ecology: Its Promise and Limits." In *Fragile World: Ecology and the Church*, edited by William Cavanaugh. Eugene, OR: Cascade Books, 2018, in press.

_____, *Christ and Evolution: Wonder and Wisdom*. Theology and the Sciences. Minneapolis: Fortress, 2009.

_____, "Creation" In *Cambridge Companion to Feminist Theology*, edited by Susan Frank Parsons, 190-207. Cambridge Companions to Religion. Cambridge: Cambridge University Press, 2002.

_____, *Creation through Wisdom*. Edinburgh: T. & T. Clark, 2000.

_____, "Deep Incarnation and Eco-justice as Theodrama." In *Ecological Awareness: Exploring Religion, Ethics and Aesthetics*, edited by Sigurd Bergmann and Heather Eaton, 193-206. Studies in Religion and the Environment 3. Berlin: LIT, 2011.

_____, *Ecotheology*. London: Darton, Longman & Todd, 2008.

_____, *The Ethics of Nature*. New Dimensions to Religious Ethics. Oxford: Wiley/Blackwell, 2004.

_____, "Joining the Dance: Catholic Social Teaching and Ecology." *New Blackfriars* 93 (2012) 193-212.

_____, "*Laudato Si*' and the Natural Sciences: An Assessment of

Possibilities and Limits." *Theological Studies* 77 (2016) 392-415.

———, *Re-Imaging the Divine Image: Humans and Other Animals*. Kitchener, ON: Pandora, 2014.

———, "Technology, Ecology and the Divine: A Critical Look at the Rising Tide of New Technologies through a Theology of Gratuitousness." In *Just Sustainability: Technology, Ecology, and Resource Extraction*, edited by Christiana Z. Peppard and Andrea Vicini, 145-56. Catholic Theological Ethics in the World Church 3. Maryknoll, NY: Orbis, 2015.

———, "Who on Earth Is Jesus Christ?: Plumbing the Depths of Deep Incarnation" In *Christian Faith and the Earth: Current Paths and Emerging Horizons in Ecotheology*, edited by Ernst M. Conradie et al., 31-50. London: Bloomsbury T. & T. Clark, 2014

———, "Windows to the Divine Spirit: Between Species Encounters, Wild Justice and Image Bearing in Ecological Perspective." In *The Nature of Things: Rediscovering the Spiritual in God's Creation*, edited by Graham Buxton and Norman Habel, 15769. Eugene, OR: Pickwick Publications, 2016.

———, "Wisdom, Justice and Environmental Decision-Making in a Biotechnological Age." *Ecotheology* 8 (2003) 173-92.

———, "The Wisdom of Fools? A Theo-Dramatic Interpretation of Deep Incarnation." In *Incarnation: On the Scope and Depth of Christology*, edited by Niels Gregersen, 177-202. Minneapolis: Fortress, 2015.

———, *The Wisdom of the Liminal: Evolution and Other Animals in Human Becoming*. Grand Rapids: Eerdmans, 2014.

Deane-Drummond, Celia, and David Clough. *Creaturely Theology:*

God, Humans and Other Animals. London: SCM, 2009.

Deane-Drummond, Celia, and Heinrich Bedford-Strohm, eds. *Religion and Ecology in the Public Sphere*. London: T. & T. Clark/Continuum, 2011.

Deane-Drummond, Celia, Rebecca Artinian Kaiser and David Clough, eds. *Animals as Religious Subjects: Transdisciplinary Perspectives*. T. & T. Clark Theology. London: Bloomsbury T. & T. Clark, 2013.

Deane-Drummond, Celia, Sigurd Bergmann and Markus Vogt, eds. *Religion in the Anthropocene*. Eugene, OR: Cascade Books, 2017.

DeWitt, Calvin B. "Creation's Environmental Challenge to Evangelical Christianity." In *The Care of Creation: Focusing Concern and Action*, edited by R. J. Berry, 60-73. Leicester, UK: InterVarsity, 2000.

The Earth Bible Team. "Guiding Ecojustice Principles." In *Readings from the Perspective of Earth*, edited by Norman Habel, 38-53. Earth Bible 1. Sheffield: Sheffield Academic, 2000.

Eaton, Heather. "Epilogue: A Spirituality of the Earth." In *The Nature of Things: Rediscovering the Spiritual in God's Creation*, edited by Graham Buxton and Norman Habel, 229-46. Eugene, OR: Pickwick Publications, 2016.

_____, *Introducing Ecofeminist Theologies*. Introductions in Feminist Theology 12. London: Continuum, 2005.

_____, *The Intellectual Journey of Thomas Berry: Imagining the Earth Community*. Lanham, MD: Lexington, 2014.

Edwards, Denis. *Ecology at the Heart of Faith*. Maryknoll, NY: Orbis, 2006.

Ehrman, Terrence. "Ecology: The Science of Connections." In *Everything Is Connected: Pope Francis' Ecological Vision in Laudato Si'*, edited by Vincent Miller. London: Bloomsbury T. & T. Clark, 2017, *in press*.

Francis, Pope. *Laudato Si': On Care for Our Common Home. Encyclical Letter*. Huntington, IN: Our Sunday Visitor, 2015.

_____, *Mass, Imposition of the Pallium and Bestowal of the Fisherman's Ring for the Beginning of the Petrine Ministry of the Bishop of Rome, Homily of Pope Francis*. (19 March 2013), http://www.vatican.va/holy_father/francesco/homilies/2013/documents/papa-francesco_20130319_omelia-inizio-pontificato_en.html.

Fuentes, Agustin. "Naturalcultural Encounters in Bali: Monkeys, Temples, Tourists and Ethnoprimatology." *Cultural Anthropology* 25 (2010) 600-624.

Goodin, Robert E. "Selling Environmental Indulgences." In *Environmental Ethics and Philosophy*, edited by John O'Neill et al., 493-515. Managing the Environment for Sustainable Development 6. Northampton, MA: Elgar 2001.

Gregersen, Niels Henrik. "Christology." In *Systematic Theology and Climate Change: Ecumenical Perspectives*, edited by Michael S. Northcott and Peter M. Scott, 33-50. New York: Routledge, 2014.

_____, "The Cross of Christ in an Evolutionary World." *Dialog: A Journal of Theology* 40 (2001) 192-207.

_____, *Incarnation: On the Scope and Depth of Christian Theology*. Minneapolis: Fortress, 2015.

Grey, Mary. *The Outrageous Pursuit of Hope: Prophetic Dreams for the Twenty First Century*. London: Darton, Longman &

Todd, 2000.

―――, *Sacred Longings: Ecofeminist Theology and Globalization*. London: SCM, 2003.

Griffin, Susan. *Women and Nature: The Roaring Inside Her*. London: Women's Press, 1984.

Grim, John, and Mary Evelyn Tucker. *Ecology and Religion*. Foundations of Contemporary Environmental Studies. Washington, DC: Island Press, 2014.

Gustafson, James M. *A Sense of the Divine: The Natural Environment from a Theocentric Perspective*. Edinburgh: T. & T. Clark, 1994.

Gutiérrez, Gustavo. *A Theology of Liberation: History, Politics, and Salvation*. Translated and edited by Sister Caridad Inda and John Eagleson. Rev. ed. Maryknoll, NY: Orbis, 1988.

Habel, Norman. "Where Can Wisdom Be Found? Re-Discovering Wisdom in God's Creation." In *The Nature of Things: Rediscovering the Spiritual in God's Creation*, edited by Graham Buxton and Norman Habel, 139-156. Eugene, OR: Pickwick Publications, 2016.

―――, "Where Is the Voice of Earth in the Wisdom Literature?" In *The Earth Story in Wisdom Traditions*, edited by Norman Habel and Shirley Wurst, 23-34. The Earth Bible 3. Sheffield: Sheffield Academic, 2001.

Horrell, David. *The Bible and Environment: Towards a Critical Ecological Biblical Theology*. Durham, UK: Acumen, 2013.

Haught, John F. *The Promise of Nature: Ecology and Cosmic Purpose*. 1993. Reprint, Eugene, OR: Wipf & Stock, 2004.

Hutchinson, G. E. *The Ecological Theater and the Evolutionary Play*. New Haven: Yale University Press, 1965.

Intergovernmental Panel on Climate Change. "Summary for Policymakers." In *Climate Change 2014, Mitigation of Climate Change. Contribution of the Working Group III to the Fifth Assessment Report of the Intergovernmental Panel on Climate Change*, edited by O. Edenhofer et al. Cambridge: Cambridge University Press, 2014. http://mitigation2014.org/.

International Union for Conservation of Nature (IUCN). "New Bird Species and Giraffe Under Threat-IUCN Red List." December 8, 2016. https://www. iucn.org/news/new-bird-species-andgiraffe-under-threat-iucn-red-list.

Jackson, Wes. "The Agrarian Mind. Mere Nostalgia or Practical Necessity?" In *The Essential Agrarian Reader: The Future of Culture, Community and the Land*, edited by Norman Wirzba, 140-53. Berkeley: Counterpoint, 2004.

Jantzen, Grace. *Becoming Divine: Towards a Feminist Philosophy of Religion*. Manchester: Manchester University Press, 1998.
_____, *God's World, God's Body*. Philadelphia: Westminster, 1984.

John Paul II, Pope. *Centesimus Annus*. London: Catholic Truth Society, 1991. http://www.vatican.va/holy_father/john_paul_ii/encyclicals/documents/hf_jp-ii_enc_01051991_centesimusannus_en.html/.

_____, "General Audience." (26 January 2000). http://www.vatican.va/holy_father/john_paul_ii/audiences/2000/documents/hf_jp-ii_aud_20000126_en.html/.

John Paul II, Pope, and Patriarch Bartholomew I. *Common Declaration on Environmental Ethics*. (June 10, 2002). https://w2.vatican.va/content/john-paul-ii/en/ speeches/2002/june/

documents/hf_jp-ii_spe_20020610_venice-declaration.html.

Johnson, Elizabeth. "Jesus and the Cosmos: Soundings in Deep Christology." In *Incarnation: On the Scope and Depth of Christology*, edited by Niels Gregersen, 133-56. Minneapolis: Fortress, 2015.

Kim, Grace Ji-Sun, and Hilda P. Koster, eds. *Planetary Solidarity: Global Women's Voices on Christian Doctrine and Climate Justice*. Minneapolis: Fortress, 2017.

Locke, Piers. "Explorations in Ethnoelephantology: Social, Historical, and Ecological Intersections Between Asian Elephants and Humans." *Environment and Society: Advances in Research* 4 (2013) 79-97.

McCulloch, Gillian. *The Deconstruction of Dualism in Theology: With Special Reference to Ecofeminist Theology and New Age Spirituality*. Carlisle, UK: Paternoster, 2003.

McDonagh, Sean. *The Greening of the Church*. London: Chapman, 1990.

McFague, Sally. *The Body of God: An Ecological Theology*. Minneapolis: Fortress, 1993.

———, *Life Abundant: Rethinking Theology and Economy for a Planet in Peril*. Minneapolis: Fortress, 2001.

McKibben, Bill. *Oil and Honey: The Education of an Unlikely Activist*. New York: St. Martin's Griffin, 2014.

Minns, Denis. *Irenaeus: An Introduction*. London: Chapman, 1994.

Moltmann, Jürgen. *God in Creation: An Ecological Doctrine of Creation*. Translated by Margaret Kohl. Gifford Lectures 1984-1985. London: SCM, 1985.

Mora, Camilo, et al. "How Many Species Are There on Earth

and in the Ocean?" *PLoS Biology* 9 (2011) 1-8.

Nash, James. "The Bible vs Biodiversity: The Case against Moral Argument from Scripture" *Journal for the Study of Religion, Nature and Culture* 3 (2009) 213-37.

Northcott, Michael S. *The Environment and Christian Ethics.* New Studies in Christian Ethics. Cambridge: Cambridge University Press, 1996.

―――, *Place, Ecology and the Sacred: The Moral Geography of Sustainable Communities.* London: Bloomsbury Academic, 2015.

Nothwehr, Dawn M., ed. *Franciscan Theology of the Environment: An Introductory Reader Quincy*, IL: Franciscan, 2002.

Nussbaum, Martha. *Frontiers of Justice: Disability, Nationality, Species Membership.* Tanner Lectures on Human Values. Cambridge, MA: Belknap, 2006.

Painter, John. "Theology, Eschatology and the Prologue of John." *Scottish Journal of Theology* 46 (1993) 27-42.

Parsons, Susan. *The Ethics of Gender.* New Dimensions to Religious Ethics. Oxford: Blackwell, 2002.

Peppard, Christina Z. *Just Water: "Theology, Ethics and the Global Water Crisis.* Maryknoll, NY: Orbis, 2014.

―――, "Laudato Si' and Standing Rock: Water Justice and Indigenous Ecological Knowledge", in *Theology and Ecology across the Disciplines: On Care for Our Common Home*, edited by Celia Deane-Drummond and Rebecca Artinian Kaiser. London: Bloomsbury, 2018, *in press.*

Primavesi, Anne. *From Apocalypse to Genesis: Ecology, Feminism and Christianity.* Minneapolis: Fortress, 1991.

―――, *Sacred Gaia: Holistic Theology and Earth Systems*

Science. London: Routledge, 2000.

Rawls, John. *A Theory of Justice*. Cambridge: Harvard University Press, 1971.

Raworth, Kate. "A Safe and Just Space for Humanity: Can We Live within the Doughnut?" *Oxfam Policy and Practice: Climate Change and Resilience* 8 (2012) 1-26.

Rockström, Johan, et al. "A Safe Operating Space for Humanity." *Nature* 461 (2009) 472-75.

Rockström, Johan, et al. "Planetary Boundaries: Exploring a Safe Operating Space for Humanity." *Ecology and Society* 14 (2009) 32. http://www.ecologyandsociety.org/vol14/iss2/art32/.

Rolston, Holmes, III. *Genes, Genesis and God: Values and Their Origins in Natural and Human History*. Gifford Lectures 1997-1998. Cambridge: Cambridge University Press, 1999.

Ruether, Rosemary Radford. *Gaia and God: An Ecofeminist Theology of Earth Healing*. San Francisco: HarperSan Francisco, 1992.

————, *Introducing Redemption in Christian Feminism*. Introductions in Feminist Theology 1. Sheffield: Sheffield Academic, 1998.

Rushton, Kathleen. "The Cosmology of John 1:1-14 and Its Implications for Ethical Action in this Ecological Age" *Colloquium* 45 (2013) 137-53.

Sakimoto, Philip J. "Understanding the Science of Climate Change" In *Theology and Ecology across the Disciplines: On Care for Our Common Home*, edited by Celia Deane-Drummond and Rebecca Artinian Kaiser. London: Bloomsbury, 2018, *in press*.

Schama, Simon. *Landscape and Memory*. London: Fontana, 1996.

Schaeffer, Jame. *Theological Foundations for Environmental Ethics: Reconstructing Patristic and Medieval Concepts*. Washington, DC: Georgetown University Press, 2009.

Scott, Peter. *A Political Theology of Nature*. Cambridge Studies in Christian Doctrine 9. Cambridge: Cambridge University Press, 2003.

Sen, Amartya. *The Idea of Justice*. London: Allen Lane/Penguin, 2009.

Sideris, Lisa. *Environmental Ethics, Ecological Theology and Natural Selection*. Columbia Series in Science and Religion. New York: Columbia University Press, 2003.

Smith, Graham. *Deliberative Democracy and the Environment*. Environmental Politics. London: Routledge 2003.

Steffen, Will, et al. "Planetary Boundaries: Guiding Human Development on a Changing Planet" *Science* 347 (2015). DOI: 10.1126/ science. 1259855

Taylor, Bron, and Michael Zimmermann. "Deep Ecology." In *Encyclopedia of Religion and Nature*, edited by Bron Taylor, 1:456-60. London: Continuum, 2005.

Tucker, Mary Evelyn, and Brian Swimme. *Journey of the Universe*. New Haven: Yale University Press, 2011.

U.S. Environmental Protection Agency. "Climate Change" August 9, 2016. http://www3.epa.gov/climatechange/ghgemissions. gases.html.

Walls, Laura. "Cosmos" In *Keywords for Environmental Studies*, edited by Joni Adamson et al., 47-49. New York: New York University Press, 2016.

White, Lynn. "The Historical Roots of Our Ecologic Crisis." *Science* 155 (1967) 1203-7.

White, Sarah, and Romy Tiongco. *Doing Theology and Development: Meeting the Challenge of Poverty*. Edinburgh: St. Andrew's, 1997.

Wilson, Edward O. "A Cubic Foot" *National Geographic* (February 2010). http://ngm.nationalgeographic.com/2010/02/cubic-foot/wilson-text/1.

Wirzba, Norman. *Living the Sabbath: Discovering the Rhythms of Rest and Delight*. Grand Rapids: Brazos, 2006.

_____, *The Paradise of God: Renewing Religion in an Ecological Age*. Oxford: Oxford University Press, 2003.